스페인어 스피치 Ⅱ

Práctica Oral en Español

스페인어 스피치 II

| 이강국 · 이만희 · 김재선 · 곽재용 |

개정판

HU:iNE

머리말

외국인과 대화할 때는 종합적인 언어 능력이 요구된다. 스페인어의 기초과정을 이수한 사람에게 실제적으로 필요한 것은 한 단계 더 높은 수준의 듣기와 말하기 연습이다. 이 책은 이 두 가지 능력을 향상시키는데 초점을 두었다. 이 책은 원어민의 녹음을 활용한 반복적인 듣기 훈련을 통하여 학습자로 하여금 스페인어의 고유한 억양과 발음의 습득이 용이하도록 도와줄 것이다. 또한 문장 암송을 통하여 실질적인 스페인어 말하기 능력을 향상시켜 줄 것이다.

문법과 어휘, 듣기 훈련이 되었음에도 회화 현장에서 정작 문제가 되는 것은 외국인과 나눌만한 대화 콘텐츠가 부족하다는 것이다. 물론 이것은 화자의 다양한 경험과 교양, 그리고 전문성에 따라 달라질 것이다. 저자들은 오랫동안 스페인에서 유학하면서 겪었던 경험과 수년간의 교육 경험을 바탕으로 원어민들과의 대화에서 유용하게 활용할 수 있는 주제들을 엄선하였다. 한국과 스페인어권 세계의 사회·문화적인 주요 테마를 비롯하여 두 지역에서 애송되는 명시를 담아, 상대 문화에 대한 이해와 소통의 매개가 되도록 하였다. 이밖에 스페인과 라틴아메리카 출신 명사들의 연설문을 소개하여 우아한 스페인어 문체를 맛보게 함으로써 학습자가 구사하는 스페인어의 품격을 높이고자 하였다. 이처럼 이 책의 목적은 학습자들로 하여금 책의 내용을 암기하여 대화 시 능동적으로 활용할 수 있도록 하는 것이다.

문장을 암송하는 작업은 매우 힘든 언어 훈련이다. '스페인어 스피치'를 정식 교과목으로 가르치고 있는 교수자들이 학습자들로부터 한결같이 듣는 이야기는 "스페인어 스피치가 가장 고통스러운 과목"이라는 것이다. 그러나 2년에 걸쳐 이 과목을 수강한 학습자들이 구사하는 스페인어의 수준은 가히 놀랄만하다. 굳이 암기하지 않더라도 이 책은 내용과 문장만으로도 좋은 강독 교재로도 활용될 수 있으리라고 믿는다.

본 개정판에서는 '직지심체요절, FTA, 한류' 3가지 주제를 추가하였다. '직지'는 세계 최초의 금속활자본이라는 상징성으로 인해 한국 문화의 우수성을 알릴 수 있는 좋은 소재이다. 외국인들에게는 낯선 책이겠지만 구텐베르크 활자와 비교하면 쉽게 접근할 수 있을 것이다. 'FTA'는 외국 여러 나라와 협정을 이미 맺었거나 진행 중이므로 시의성이 매우 큰 주제이다. 또한 이를 통해 학습자들이 경제 문제에 쉽게 접근할 수 있으리라 본다. '한류' 역시 외국인들이 큰 관심을 갖고 있는 주제이다. 따라서 이에 대해 잘 정리해 두면 대화를 능동적으로 이끌어 가는데 많은 도움이 되리라고 본다.

본 교재가 빛을 보기까지 많은 분들의 도움이 있었다. 원고의 수집과 번역, 문법 정리 및 교정 작업을 세심하게 해 주신 담당 교수들께 깊은 감사의 뜻을 전한다. 특히 스페인어 문장의 교정 및 녹음을 담당해 주신 Carlos Alfonso Macías 교수와 Sara Torres Servín 교수께 고마움을 표한다. 마지막으로 본서가 출판되도록 지원과 수고를 아끼지 않으신 한국외국어대학교 지식출판원 관계자들께 감사드린다.

2015년 12월

저자 일동

목차

Lección 1 Geografía de Corea 8

Lección 2 Comidas tradicionales coreanas 14

Lección 3 Flor / ¿Qué es poesía? 20

Lección 4 Desarrollo de la economía coreana 26

Lección 5 Historia de la lengua española 30

Lección 6 ¿Por qué los coreanos añoran Manchuria? 38

Lección 7 Canción del jinete 44

Lección 8 Las islas Dokdo 48

Lección 9 Historia de la literatura española 54

Lección 10 Religiones de Corea 66

Lección 11 Mensaje del rey Juan Carlos I ante el intento de golpe de estado del 23 de febrero de 1981 72

Lección 12 El almirante Yi Sun Shin 80

Lección 13 Platero y yo 90

Lección 14 Las fallas de Valencia y la fiesta de fuego de Corea 96

Lección 15 Sueño imposible 102

Lección 16 Chuseok 106

Lección 17 ¿Cómo se hacen el kimpab y el bibimpab? 110

Lección 18 El palacio Changdeok 114

Lección 19 El crecimiento de los matrimonios internacionales en Corea 118

Lección 20 Corea: pionera en técnicas de impresión 122

Lección 21 Orillas del Duero 130

Lección 22 El Tratado de Libre Comercio (TLC) 136

Lección 23 Mensaje del rey Juan Carlos ante el atentado en la estación de Atocha 144

Lección 24 La fiebre del Hallyu en el mundo 152

Vocabulario 158

사진 출처 174

Lección 01 Geografía de Corea

La Península Coreana está situada en el noreste de Asia y tiene una extensión de 220.000 km^2. Limita al norte con China y Rusia y al este el Mar del Este lo separa de Japón. Por su estratégica ubicación, la península es un lugar muy importante desde el punto de vista geopolítico. En la actualidad está dividida en Corea del Sur y Corea del Norte.

La población de Corea del Sur es de alrededor de 51 millones de habitantes. Dos quintas partes viven en la capital, Seúl, y sus alrededores. La segunda ciudad, Busan, es el puerto más grande e importante para la economía del país.

En relación al clima, las condiciones meteorológicas están dadas por el monzón continental, que hace que el país tenga cuatro estaciones claramente diferenciadas. La primavera comprende los meses de marzo, abril y mayo, y su temperatura es agradable. En verano, de junio a agosto, llueve mucho. Frecuentemente hace mucho calor, con temperaturas de más de 30ºC. El calor puede prolongarse hasta septiembre. Antes nevaba mucho en diciembre, pero ahora ya no nieva tanto debido al calentamiento global.

El río más importante del país es el Río Han, que pasa por Seúl. Este río suministra agua potable a más de la mitad de la población. Alrededor de 70% de Corea del Sur está cubierto por montañas. La montaña más alta de la Península Coreana es Baekdu (2.744 m). Está situada en Corea del Norte, en la frontera con China. Es un volcán inactivo como el Teide de España. Los coreanos la consideran una montaña muy sagrada.

한국의 지리

한반도는 아시아의 북동쪽에 위치해 있으며, 넓이는 22만 제곱킬로미터이다. 북쪽으로 중국, 러시아와 국경을 접하고 있으며, 동쪽으로는 동해가 한반도와 일본 사이에 놓여 있다. 그 전략적 위치로 인해 한반도는 지정학적 관점에서 매우 중요한 지역이다. 현재 남한과 북한으로 나뉘어 있다.

남한의 인구는 약 5천 1백만 명인데 5분의 2가 수도인 서울과 그 주변에 살고 있다. 두 번째로 큰 도시 부산은 우리나라 경제에 중요한 영향을 미치고 있으며 우리나라에서 가장 큰 항구이다.

한국은 대륙성 몬순 기후이며, 뚜렷이 구분되는 4계절을 가지고 있다. 봄은 3, 4, 5월에 해당되며, 기온은 온화하다. 6월부터 8월까지인 여름에는 비가 많이 내린다. 종종 기온이 섭씨 30도 이상으로 올라가 무척 덥고, 무더위는 9월까지 지속되기도 한다. 전에는 12월에 눈이 많이 내렸으나, 요즘은 지구 온난화로 인해 눈이 그리 많이 내리지는 않는다.

한국에서 가장 중요한 강은 한강으로, 서울을 통과하고 있다. 이 강은 인구 절반 이상에게 식수를 제공한다. 남한의 약 70% 정도는 산으로 덮혀 있다. 한반도에서 가장 높은 산은 백두산이며 (2,744 미터), 북한에서 중국과의 국경 지대에 위치해 있는데 스페인의 떼이데산처럼 휴화산이다. 한국인들은 이 산을 매우 신성한 산으로 여기고 있다.

구문 설명

220.000 km^2

넓이를 나타내는 평방(킬로)미터는 (kiló)metro cuadrado 라고 읽는다. 참고로 부피를 나타내는 입방미터는 metro cúbico라고 읽는다.

Limita al norte con China y Rusia y al este el Mar del Este lo separa de Japón.

동사 limitar는 타동사로는 '~을 한정하다, 제한하다'라는 의미로 쓰이며, 전치사 con을 동반하는 자동사로는 주로 '~과 인접하다, ~과 경계를 접하다'라는 의미로 쓰인다.

(타동사로 쓰인 예)

Es necesario limitar el número de candidatos.
후보자들의 수를 제한할 필요가 있다.

(자동사로 쓰인 예)

España limita al norte con Francia.
스페인은 북으로는 프랑스와 국경을 접하고 있다.

Dos quintas partes viven en la capital, Seúl, y sus alrededores.

분수의 경우, 분자에는 기수를 분모에는 서수를 쓴다. 1/2과 1/3에서는 분모에 각각 정해진 명사(medio, tercio)를 쓴다. 모든 경우에 분자가 복수이면 분모도 복수가 된다.

1/2 un medio (또는 la mitad)
1/3 un tercio (또는 una tercera parte)
1/4 un cuarto (또는 una cuarta parte)
2/3 dos tercios (또는 dos terceras partes)
3/4 tres cuartos (또는 tres cuartas partes)

Las condiciones meteorológicas están dadas por el monzón continental, ...

'El árbol fue cortado por Juan.'과 같은 소위 「동작수동구문」인 『ser +과거분사』에서는 일반적으로 전치사구 'por ~'가 행위자의 해석을 갖지만 위의 구문은 「상태수동구문」인 『estar + 과거분사』구조에서 전치사구 'por el monzón continental'는 원인제공자의 의미를 갖는다. 한편 'Alrededor de 70% de Corea del Sur está cubierto por montañas.'와 같은 문장에서 『estar cubierto por~』는 '~으로 덮여있다'라는 의미의 상태수동구문으로 사용되며 『estar cubierto de~』로도 많이 사용된다. 이와 비슷한 유형으로 다음과 같은 구문도 있다.

La ciudad Kyungju está llena de sitios históricos.
경주시는 역사와 관련된 장소들로 가득하다.

Nuestra vida está llena de alegría.
우리 인생은 기쁨으로 가득 차 있다.

이밖에도 대명사 se를 사용하여 수동구문을 만드는 방법이 있다. 일반적으로 피동주어가 사물일 때 사용된다.

En 528 se construyó el templo Bulguksa.
528년 불국사가 건립되었다.

30ºC

'섭씨 ~도'는 grado(s) centígrado(s)라고 읽는다. 따라서 '30ºC'는 treinta grados centígrados라고 읽는다. 참고로 '화씨 ~도'는 grado(s) Fahrenheit라고 읽는다.

45ºF '화씨 45도'
cuarenta y cinco grados Fahrenheit

Los coreanos la consideran una montaña muy sagrada.

동사 considerar는 타동사로서 '~을 숙고하다, 고려하다' 또는 '~을 ~라고 여기다'라는 의미로 쓰인다. 따라서 목적어를 동반하며, 많은 경우 목적보어를 취한다. 위 구문에서 la는 앞에서 언급된 la montaña Baekdu를 받는 직접목적어이며, muy sagrada는 목적 보어이다. 의미는 '(목적어)를 매우 신성하게 (여긴다)'는 뜻이 된다. 목적 보어는 이처럼 형용사가 될 수도 있고 경우에 따라서는 명사가 되기도 한다.

Hemos considerado mucho ese problema.
[목적어만을 취한 경우]
우리는 그 문제를 숙고해 보았다.

¿Te consideras feliz?
[형용사를 목적보어로 취한 경우]
너는 스스로 행복하다고 생각하니?

Notas

Lección 02 Comidas tradicionales coreanas

El alimento básico de Corea es el arroz, y el caldo llamado 'guk', el 'kimchi', el 'kakdugui', el 'bulgogui', y otros son comidas muy típicas. Los platos se sirven todos juntos de una vez con el arroz. La mesa tradicional nunca está completa sin el guk. Para prepararlo se utilizan verduras, carne, pescado y mariscos, algas, y otros ingredientes, según el gusto de la gente. A excepción del arroz y el guk, los otros platos como kimchi, kakdugui y bulgogui se llaman 'ban-chan' en coreano.

El plato más conocido de la gastronomía coreana es el kimchi. En general se hace de col china. Primero, se le echa mucha sal a la col china. Unas horas después, se la lava con agua y se le echan varios ingredientes como pimiento rojo en polvo, ajo, cebolleta, nabo, mariscos y otros. Si se espera dos o tres días, el kimchi empieza a fermentar. Entonces ya está listo para comerse. Normalmente el kimchi se suele servir con arroz. Su sabor es un poquito salado y picante. Su olor es fuerte por la fermentación, pero es un alimento sano y rico en vitaminas, minerales y otros nutrientes. Dependiendo de las provincias o familias, existen varios tipos de kimchi y sabores muy típicos.

김치

Otro plato muy conocido es el kakdugui, que se hace de nabo. Su preparación es similar a la del kimchi, pues solo difiere en el ingrediente principal. Este plato

también tiene muchas variedades.

El bulgogui también es muy típico en Corea. Para prepararlo se echa salsa de soja y azúcar a lonchas de ternera y luego se puede añadir ajo y cebolla. Unas horas después se cocina en la sartén. Entonces se puede disfrutar de una carne semidulce muy suave y sabrosa.

한국의 전통 음식

한국의 주식은 밥인데, 국, 김치, 깍두기, 불고기 등도 매우 전형적인 한국 음식들이다. 음식들은 밥과 함께 모두 동시에 제공된다. 전통적인 식탁은 국 없이는 완성되지 않는다. 국을 만들기 위해서는 취향에 따라 야채, 고기, 생선, 해물, 미역 등을 사용한다. 밥과 국 이외에, 김치, 깍두기, 불고기 등과 같은 다른 음식들은 한국어로 '반찬'이라고 불린다.

한국 요리에서 가장 많이 알려 진 것은 김치이다. 보통 배추로 만드는데 먼저 배추에 소금을 듬뿍 뿌리고 몇 시간 후 물로 씻은 다음 고춧가루, 마늘, 파, 무, 해물 등과 같은 갖은 양념을 넣는다. 이틀에서 사흘이 지나면 김치가 발효되기 시작하고 그때부터 먹을 수 있다. 대개 김치는 밥과 함께 먹는데 맛은 약간 짜고 맵다. 냄새는 발효 때문에 강하지만 건강에 좋고 비타민, 미네랄과 다른 영양소들이 풍부한 음식이다. 지역 또는 가정에 따라 다양한 종류의 김치와 특유의 맛이 있다.

그 밖에 많이 알려진 음식은 깍두기인데, 이는 무로 만든다. 만드는 법은 김치와 유사하며 주재료만이 다르다. 깍두기 또한 종류가 매우 다양하다.

불고기도 전형적인 한국 음식이다. 불고기를 요리하기 위해서는 얇게 썬 소고기에 간장과 설탕을 넣은 다음, 마늘과 양파를 첨가해야 한다. 몇 시간 후 프라이팬에 익힌 부드럽고 맛좋고 달콤한 고기를 맛 볼 수 있다.

구문 설명

En general se hace de col china. Primero, se le echa mucha sal a la col china.

비인칭의 se는 자동사나 타동사 모두와 함께 쓰일 수 있으나, 3인칭 단수로만 쓰인다. '(일반적으로) ~이다'라는 의미를 갖는다. 따라서 흔히 '일반주어'라고도 부른다.

Se come arroz en Corea.
한국에서는 (일반적으로) 밥을 먹는다.

No se fuma aquí.
여기서는 (다들) 금연입니다.

Se trabaja mucho aquí en esta compañía.
여기 이 회사에서는 (다들) 열심히 일한다.

비인칭 구문은 se없이 동사의 3인칭 복수형으로 표현할 수도 있다.

Se habla español en México.
멕시코에서는 스페인어를 한다.
(= Hablan español en México.)

피동주어가 사물이고 동사가 타동사 3인칭 단수인 경우에는, 수동으로 해석될 수도 있고 비인칭으로 해석될 수도 있다.

Se vende este apartamento.
이 아파트가 팔린다. (누군가 이 아파트를 판다.)

Ya se prepara la cena.
이제 저녁이 준비된다. (이제 저녁을 준비한다.)

수동구문

- Los platos se sirven todos juntos de una vez con el arroz.
- Normalmente el kimchi se suele servir con arroz.

비인칭구문

- Unas horas después, se la lava con agua y se le echa varios ingredientes como pimiento rojo en polvo, ajo, cebolleta, nabo, mariscos, etc.
- Para prepararlo se echa salsa de soja y azúcar a lonchas de ternera y luego se puede añadir ajo, cebolla y vino. Unas horas después se cocina en la sartén. Entonces se puede disfrutar de la carne semidulce muy suave y sabrosa.

Otro / otra / otros / otras

언급하는 대화 내용과 다른 대상을 지칭할 때 사용한다.

Necesitas otra camisa. La que te has puesto está muy sucia.
너 다른 셔츠가 필요하구나. 네가 입은 셔츠는 매우 더러워.

Mamá, ¿me das otros palillos? Estos son de papá.
엄마, 다른 젓가락 주실래요? 이거 아빠 거예요.

부정관사와는 사용하지 않고 정관사와 사용하여 다른 대상을 지칭한다.

Mi móvil no es de este modelo, sino del otro, el que ha salido el pasado mes.
내 휴대전화는 이 모델이 아니고 딴 건데, 지난달 출시된 거야.

Voy a comprar un kilo de manzanas, pero no de estas, de las otras.
난 사과 1킬로그램을 사려고 하는데, 이거 말고 딴 걸로.

Notas

Lección 03 Flor / ¿Qué es poesía?

1. Flor

Chun Su KIM

Antes que yo la llamara por su nombre,
no era más
que un simple gesto corporal.
Después que yo la llamé por su nombre
vino hacia mí
y en flor se convirtió.
Así como yo la llamé por su nombre,
que alguien me llame
con un nombre adecuado a mi color y perfume.
Yo también yendo hacia él
quiero convertirme en su flor.
Todos nosotros
queremos ser algo.
Tú para mí y yo para ti,
deseamos ser un guiño inolvidable.
(Traducida por Sunmi Yun)

2. ¿Qué es poesía?

Gustavo Adolfo Bécquer

¿Qué es poesía?, dices mientras clavas
en mi pupila tu pupila azul.
¡Qué es poesía! ¿Y tú me lo preguntas?
Poesía... eres tú.

꽃 / 시란 무엇인가?

1. 꽃

김춘수

내가 그의 이름을 불러 주기 전에는
그는 다만
하나의 몸짓에 지나지 않았다.

내가 그의 이름을 불러 주었을 때
그는 나에게로 와서
꽃이 되었다.

내가 그의 이름을 불러 준 것처럼

나의 이 빛깔과 향기에 알맞은

누가 나의 이름을 불러 다오.

그에게로 가서 나도
그의 꽃이 되고 싶다.

우리들은 모두
무엇이 되고 싶다.
너는 나에게 나는 너에게
잊혀지지 않는 하나의 눈짓이 되고 싶다.

(번역 : 윤선미)

2. 시란 무엇인가?

구스따보 아돌포 벡께르

시란 무엇인가?, 너는 말하고 있지
네 푸른 눈동자를 내 눈동자에 고정시킨 채로.
시가 무엇이냐고! 그걸 내게 묻는 거야?
시는…… 바로 너야.

작가 및 작품 해설

김춘수와 『꽃』

시인 김춘수는 1922년 경남 통영에서 태어나 경기고등학교를 졸업하고 일본으로 건너가 1943년 니혼대학 예술학과 3학년에 재학 중 중퇴했다. 1945년 유치환, 윤이상, 김상옥 등과 '통영문화협회'를 결성하면서 본격적인 문학 활동을 시작했다. 1946~48년 통영중학교 교사로 있으면서 조향, 김수돈 등과 동인지 『노만파 魯漫派』를 펴냈으며, 1956년 유치환, 김현승, 송욱 등과 시 동인지 『시연구』를 펴냈다. 서구 상징주의 시 이론을 받아들여 초기에는 그리움의 서정을 감각적으로 노래하다가, 점차 사물의 본질을 이미지로 표현하는데 집중했다. 그는 사물의 이면에 내재하는 본질을 파악하는 시를 써서 '인식의 시인'으로도 일컬어진다. 첫 시집 『구름과 장미』 이후, 『늪』, 『연인』, 『부다페스트에서의 소녀의 죽음』, 『의자와 계단』 등의 시집과, 『처용』, 『처용 이후』, 『샤갈의 마을에 내리는 눈』 등의 시선집을 비롯하여, 『의미와 무의미, 『시의 표정』 등의 시론집을 발표했으며 2004년에 타계했다.

김춘수 시인의 '꽃'은 흔히 연인들 사이에서 애송되는데, 이 시는 평범한 연애시의 범주를 넘어 사물의 본질을 시적 언어로 형상화하고 있다. 시인의 시에서 대상들은 현상으로서의 대상이 아니라 인간의 근원적인 존재 의미를 유추할 수 있는 대상으로 등장한다. 시인은 '꽃'에서 인간은 '나'와 '너'와의 의미 있는 관계를 형성하기 원하는 존재임을 드러내는 동시에, 어떤 사물에 인간의 인식이 의미 있게 미쳤을 때, 그 사물은 한 사람의 의식 속에서 존재의 의미를 획득하게 됨을 노래하고 있다.

스페인어 번역본은 1998년 윤선미 교수에 의해 스페인의 Bassarai출판사에서 번역 출판된 김춘수 시인의 『들림 도스토예프스키』 서문에서 발췌했다.

구스따보 아돌포 벡께르와 『서정시집 *Rimas*』

19세기 유럽의 문예 사조는 개인의 감정과 주관성에 바탕을 둔 낭만주의를 맞이하게 된다. 이는 18세기 계몽주의와 신고전주의가 이성과 법칙을 중시하던 것을 거부한 것이기도 하다. 본문의 시를 지은 구스따보 아돌포 벡께르(1836-1870)는 대표적인 스페인 낭만주의 시인이다. 극심한 가난과 불행 속에서 짧은 인생을 마감했던 그는 낭만주의 시인답게 세상을 이해할 수 있는 길로 과학이 아닌 문학을 제시하고 있다.

과학이 삶의 근원에 이르는 길을
찾아내지 못하고
심연의 바다와 푸른 하늘을
측량하기 어려울 때
사람들이 항상 앞으로 나아가지만
어디로 가는지 알지 못할 때
인간에게 신비로운 것이 남아 있을 때
시는 존재할 것이다!

그의 시어는 자연스럽고 간결하며 다소 건조하다고 느껴질 만큼 장식적인 미사여구를 사용하지 않는다. 대표적인 작품으로는 그의 사후 1871년에 친구들이 87개의 시를 모아 편찬한 『서정시집』이 있다. 이 시집에는 다양한 소재가 등장하며 특별히 시를 풀어가는 '나'와, 내가 갈망하는 대상인 '너'의 관계가 주목을 끈다. 시인은 사랑하는 이상적인 여인, 그녀의 아름다움과 그녀에 대한 갈망, 그녀와 교감할 수 없음으로 인한 절망과 고독 등으로 자신의 낭만주의적 감수성을 마음껏 표현하고 있다.

또한 벡께르는 산문집 『전설 *Leyendas*』, 『내 감옥에서 보낸 편지들 *Cartas desde mi celda*』 등을 통해 합리적 이성으로 밝힐 수 없는 인간의 세상을 뛰어난 산문 실력으로 펼쳐 보이고 있다.

Notas

Lección 04 Desarrollo de la economía coreana

De 1950 a 1953 Corea sufrió una guerra civil que arruinó casi todo el país. Como consecuencia de esa guerra fratricida la nación se dividió en dos, Corea del Norte y Corea del Sur, y muchas familias fueron separadas a la fuerza. Pero desde los años 60 Corea del Sur empezó la reconstrucción de su economía superando así los desastres de la guerra. Hoy en día la República de Corea es la décima economía mundial. Nadie pensó que el país podría reconstruirse en tan poco tiempo. Debido a sus escasos recursos naturales, Corea ha fomentado de manera especial la educación y la exportación. El gobierno también ha invertido mucho para desarrollar tecnología de punta. Esto ayuda a que grandes compañías como Samsung, LG, Hyundai, y otros estén dominando el mercado mundial. Este rápido desarrollo económico, conocido como 'el milagro del Río Han,' demuestra el tremendo potencial de los coreanos y se considera como un exitoso modelo de desarrollo económico.

En el pasado Corea del Sur era uno de los países más pobres del mundo por causa de la guerra. Pero en solo unas décadas ha llegado a ser uno de los más avanzados en industria electrónica, informática, construcción naval y otros, y ha pasado a ser de país beneficiado a benefactor.

Sin embargo, Corea del Sur no es aún un país completamente avanzado. La competitividad internacional en muchos sectores industriales es débil y la estructura económica no es tan equilibrada ni estable. Por eso es fácilmente influido por el cambio económico de los países como Estados Unidos, Japón y China. La tarea inminente de la economía coreana es desarrollar más su propia tecnología y fortalecer la competitividad en el sector financiero.

한국의 경제 발전

한국은 1950년부터 1953년까지 거의 전 국토를 폐허로 만든 내전을 겪었다. 그 동족상잔의 결과로 나라는 남한과 북한, 둘로 나뉘었으며, 많은 가족들이 강제로 헤어지게 되었다. 그러나 1960년대부터 남한은 전쟁의 재난을 극복하면서 경제를 재건하기 시작했다. 오늘날 대한민국은 세계 열 번째 경제 대국이다. 어느 누구도 이 나라가 그렇게 짧은 시일 내에 재건될 수 있으리라고는 생각하지 않았다. 빈약한 천연자원으로 인해 한국은 교육과 수출을 장려했으며, 정부는 첨단 기술을 개발하기 위해 많은 투자를 했다. 이는 삼성, LG, 현대 등과 같은 대기업들이 세계 시장을 지배하는 데 도움을 주고 있다. '한강의 기적'이라 불리는 이러한 빠른 경제 발전은 한국인들의 가공할 잠재력을 보여주는 것이며 경제 발전의 성공적인 모델로 여겨지고 있다.

과거 남한은 전쟁으로 인해 세계에서 가장 못사는 나라들 중의 하나였다. 그러나 겨우 몇십 년 만에 전자·정보·조선업 등에서 가장 발달한 나라들 중의 하나가 되었으며, 원조 수혜국에서 원조국으로 변하였다.

그럼에도 불구하고 남한은 아직 완전한 의미에서의 선진국이 아니다. 많은 산업 분야에서 국제 경쟁력이 약하며, 경제 구조는 그리 균형적이지도 안정적이지도 않다. 그래서 미국, 일본, 중국과 같은 나라들의 경제 변화에 쉽게 영향을 받는다. 한국 경제의 시급한 과제는 고유의 원천 기술을 더 개발하고 금융 분야에서 경쟁력을 강화하는 것이다.

구문 설명

Nadie pensó que Corea del Sur podría reconstruirse en tan poco tiempo.

『가정미래』란 종속절에 표현하고자 하는 내용이 주절동사의 시제인 과거 - pensó - 에서 바라본 미래의 의미로 표현하는 경우에 사용하는 시제 - podría - 이다. 즉, '과거에서 바라본 미래'인 것이다.

Ella me dijo que lo haría lo más pronto posible.
그녀는 내게 가능한 한 빨리 그것을 하겠다고 말했다.

이 시제는 이밖에도 '과거를 추측'하거나 '예의를 갖춘 표현'에도 쓰인다.

¿Qué hora sería?	- 몇 시쯤이었을까?
Serían las cinco.	- 5시쯤이었을 거야.
¿Podría Ud. ayudarme?	- 저를 도와주실 수 있습니까?

Este rápido desarrollo económico … se considera como un exitoso modelo de desarrollo económico.

이 구문은 'Este rápido desarrollo económico'가 주어로 작용하는 se를 동반한 수동 구문이다. 이 구문의 맥락은 '~라고 여겨지다'라는 의미를 유도하기 위하여 전치사 como

가 출현한다. 다음 예문과 비교해 보자.

Ella me consideró un loco.
그녀는 나를 미친 놈으로 취급했다.

이 구문에서는 타동사의 직접목적어 me의 목적보어로 un loco가 사용되었으며 como의 사용을 필요로 하지 않는다. (☞ Lección 1 구문 설명의 동사 considerar 부분 참조).

Pero en solo unas décadas llegó a ser uno de los más avanzados en industria electrónica, informática, construcción naval, etc., y ha pasado a ser de país beneficiado a benefactor.

『llegar a + inf.』는 '~이 되다'라는 의미를 표현할 때 쓰인다. 주로 생물 주어와 함께 쓰인다. 반면에 『pasar a + inf.』는 생물 주어와 함께 쓰이면 '~하러 가다'는 뜻이 되지만, 무생물 주어와 함께 쓰여 'A상태에서 B상태로 변하다'는 뜻이 된다. 참고로 『convertir A en B』는 물리적으로 'A를 B로 변화시키다'라는 의미로 쓰인다. 주어가 '~으로'변하는 경우에는 『convertirse en ~』으로 쓰인다.

La bruja convirtió al príncipe en sapo.
마녀는 왕자를 두꺼비로 변하게 했다.

El agua se convierte en vino.
물이 포도주로 변한다.

Lección 05 Historia de la lengua española

La lengua madre del español es el latín. De las lenguas prelatinas no han quedado muchas huellas. Entre varios léxicos que se hallan, vale la pena recordar 'España'. Este topónimo, que procede de los fenicios, significa 'tierra de los conejos'. En el año 202 a.C. Roma gana la segunda Guerra Púnica contra Cartago y, como consecuencia, la Península Ibérica se convierte en una provincia de Roma. A partir de ese momento España se romaniza en todos los sectores como política, economía, religión, lengua y otros.

Después de la caída del Imperio Romano en 476 d.C., los visigodos establecieron el reino en la Península Ibérica. Ellos admitieron la lengua y religión de Roma.

En el año 711 los moros invaden la Península Ibérica y se quedan durante casi ocho siglos. Como consecuencia, en español hay muchas palabras derivadas del árabe. Por ejemplo, ajedrez, alcázar, alcohol, almacén, arroz, azúcar, etc. son de origen del árabe. Además de estas palabras, limón, naranja, sandía, tambor y varias otras son también palabras procedentes del árabe. La Alhambra, construida por los musulmanes en Granada, significa 'rojo' por el color de su pared.

Durante la Reconquista se construyen los reinos cristianos tales como Navarra, León, Castilla y Aragón. El reino más poderoso y dominante entre todos es Castilla. En 1492 los Reyes Católicos (Isabel de Castilla y Fernando de Aragón) reconquistan Granada, el último reino moro. Ya que Castilla era el reino dominante, su idioma, el castellano, llegó a ser sinónimo de lengua española.

스페인어사

스페인어의 모어는 라틴어이다. 라틴어 이전의 언어들에 대해서는 많은 흔적이 남아 있지 않다. 남아 있는 여러 어휘들 중에서는 'España'라는 단어를 기억할 만한데, 이 지명은 페니키아인들로부터 유래된 것으로, '토끼들의 땅'이라는 뜻이다. 기원전 202년 로마는 카르타고와의 제2차 포에니 전쟁에서 승리하며, 그 결과로 이베리아 반도는 로마의 속주가 된다. 그때부터 스페인은 정치·경제·종교·언어 등과 같은 모든 분야에서 로마화 된다.

기원후 476년 로마 제국의 멸망 이후에는 이베리아 반도에서 서고트인들이 왕국을 건설했다. 그들은 로마의 언어와 종교를 받아들였다.

711년에는 모로인들이 이베리아 반도를 침략해 거의 8세기 동안 머물렀다. 그 결과 스페인어에는 아랍어에서 유래된 단어들이 많다. 예를 들어 ajedrez(장기), alcázar(성채), alcohol(알콜), almacén(창고), arroz(쌀), azúcar(설탕) 등은 아랍어 기원이다. 이 단어들 이외에 limón(레몬), naranja(오렌지), sandía(수박), tambor(북) 등도 아랍어에서 유래된 단어들이다. 그라나다에서 이슬람인들에 의해 건설된 '알람브라 (궁전)'은 아랍어로 '붉은 (궁전)'이라는 뜻인데 이는 붉은 외벽의 색에서 유래된 것이다.

국토회복전쟁 동안에는 나바라, 레온, 까스띠야, 아라곤 등과 같은 기독교 왕국들이 건설되었다. 이들 중에서 가장 강력하고 영향력 있는 왕국은 까스띠야였다. 1492년 가톨릭 공동왕 (까스띠야의 이사벨 여왕과 아라곤의 페르난도 왕 부부)은 모로족 최후의 왕국인 그라나다를 재정복한다. 까스띠야가 가장 지배적인 왕국이었기 때문에, 그 언어인 까스떼야노가 스페인어의 동의어가 된 것이다.

배경 설명

현재 우리가 배우고 있는 스페인어의 역사는 얼마나 오래된 것일까? 또 어떤 경로를 거쳐 오늘에 이르게 된 것일까? 이는 언어를 배우는 사람이라면 누구나 자연스럽게 갖는 의문일 것이다. 스페인어가 라틴어에서 유래됐다고 하는데, 그렇다면 그 이전 이베리아 반도에는 누가 어떤 언어를 쓰며 살고 있었고, 로마가 멸망한 후에는 어떻게 되었을까?

로마가 이베리아 반도에 들어오기 이전에는 이베리아족과 켈트족이 거주하고 있었다. 이베리아족은 기원전 8세기 경 북아프리카에서 이주한 민족으로, 이들의 거주지역이라는 의미에서 Iberia라는 말이 아직도 남아 있다. 켈트족은 비슷한 시기에 북유럽에서 들어왔다. 이들 이외에도 페니키아인과 그리스인 등이 해안지대에 식민 도시를 건설하고 교역에 종사하고 있었다. 이들이 현재의 스페인어에 끼친 영향은 일부 어휘들로만 남아 있을 뿐 그리 크지 않다.

가장 큰 영향을 미친 것은 단연 로마다. 제2차 포에니 전쟁으로 이베리아 반도의 운명이 바뀌었던 것이다. 이 전쟁의 주인공인 한니발의 본거지가 바로 이베리아 반도였기 때문이다. 전쟁이 로마의 승리로 끝나자 이베리아 반도는 로마의 속주가 되어 로마에 버금갈 만큼 철저히 로마화 된다. 그리고 이전의 원주민 언어도 모두 라틴어로 대체된다. 따라서 현재 스페인어의 대부분의 어휘와 문법 체계는 고스란히 라틴어에서 유래된 것이다.

476년 서로마 제국이 멸망한 후 서고트족이 들어와 왕국을 건설했는데, 이들은 로마의 종교와 문화뿐만 아니라 언어도 받아들였다. 따라서 서고트족이 남긴 것은 일부 어휘들에 지나지 않는다. 우리가 많이 쓰고 있는 jabón(비누), guerra(전쟁), sopa(스프) 등의 단어들이 이들이 남긴 것이다. 후에 북아프리카로부터 이슬람교도들이 건너와 반도를 점령했다. 무려 8세기 동안 머물렀으나 이들도 반도의 언어를 바꾸지는 못했다. 이들과 종교가 달랐던 반도의 기독교도들은 빼앗긴 땅을 되찾는다는 의미에서 반도 북부에서부터 국토회복전쟁(Reconquista)을 전개했으며, 그 와중에서 레온, 까스띠야, 나바라, 아라곤 등의 기독교 왕국들이 생겨났다. 결국 1492년 까스띠야가 중심이 되어 반도의 재통일에 성공한다.

그렇다면 우리가 지금 쓰고 있는 현대 스페인어, 즉 까스띠야어는 언제 생겨난 것일까? 라틴어가 도입된 이래 언어는 끊임없이 변해왔다. 기원 전후의 시기에는 로마의 지배하에 있던 유럽 전역에서 동일한 언어가 통용되었다. 그러나 약 8-9세기 쯤 되면 이탈리아, 갈리아, 이베리아 등 각 지역마다 말이 달라지기 시작한다. 이제는 라틴어가 아닌 새로운 언어, 이른바 '로망스어'가 생겨난 것이다. 이때는 반도에서 기독교 왕국들이 생겨나는 시기이기도 하다. 그렇다고 해도 아직은 이탈리아어, 프랑스어, 스페인어 등처럼 완전한 개별 언어로 분리된 것은 아니었다. 지금처럼 개별 언어로 분리되는 것은 그 다음 세기쯤이다. 스페인 문학사에서는 까스띠야어로 기록된 최초의 문학작품을 『엘 시드의 노래 *Cantar de Mio Cid*』라고 한다. 이 작품은 1140년경, 즉 12세기 초에 기록된 것이다. 결국, 기록이 말보다 다소 늦는다는 점을 감안하면, 라틴어가 아닌 스페인어가 태동한 것은 대략 10-11세기경이다.

그 후 13세기에 알폰소 현왕(Alfonso el Sabio)의 언어 정립 노력과 15세기 안또니오 데 네브리하(Antonio de Nebrija)의 최초 문법서 발간, 황금세기 작가들, 특히 그중에서도 세르반떼스의 언어 정화 노력으로 스페인어가 가다듬어져 오늘에 이르고 있는 것이다.

포에니 전쟁과 한니발, 그리고 이베리아 반도

서양 고대사에서 최고의 명장 중 한 명으로 꼽히는 사람이 바로 한니발이다. 16년 간 이탈리아 반도에서 로마를 공포에 떨게 했던 주인공으로, 서양 고대사에 한 획을 그은 인물이다.

한니발의 고향은 카르타고이다. 위치는 현재의 북아프리카 튀니지로, 시칠리아와 마주보고 있는 지역이다. 과거 페니키아인들이 세운 식민 도시였는데, 독자적으로 발전해 이미 로마가 성장하기 오래 전부터 서지중해를 누비며 교역을 독점하고 있었다. 따라서 로마가 반도를 통일하고 지중해 밖으로 세력을 뻗치게 되자 자연히 두 세력이 충돌하게 된 것이다. 로마와 카르타고 간의 전쟁은 총 세 차례에 걸쳐 치러진다.

제1차 포에니 전쟁은 기원전 264년에 일어났다. 22년간의 싸움 끝에 신생 국가인 로마가 우수한 해군력을 보유하고 있던 카르타고를 누르고 시칠리아 섬을 점유하게 된다. 이때 참전했던 이가 하밀까르라는 장군으로, 한니발의 아버지이다. 용감하게 잘 싸웠으나 본국이 항복하는 바람에 시칠리아에서 퇴각할 수밖에 없었던 하밀까르는 가족을 데리고 이베리아 반도로 건너간다. 로마에 복수할 날을 기다리며 절치부심, 까르따헤나 ('새로운 카르타고'라는 뜻)를 근거

지로 삼아 세력을 키운다. 후에 한니발은 아버지의 뒤를 이어 총사령관이 된다. 당시 카르타고는 제1차 전쟁의 패배로 이베리아 반도에서도 에브로 강 남쪽만을 지배할 수 있었다. 그런데 강 남쪽에 위치해 있는 사군또라는 도시가 로마와 동맹을 맺는다. 이를 빌미로 한니발이 사군또를 공격하자, 로마도 자연히 동맹시를 돕기 위해 군대를 파견할 수밖에 없게 된다. 한니발이 그토록 염원하던 로마와의 2차전이 시작된 것이었다. 이때가 기원전 218년이다.

로마와의 일전을 준비하고 있던 한니발은 코끼리 떼와 수만 명의 정예 병사들을 이끌고 알프스를 넘어 이탈리아 반도로 들어간다. 전투는 연전연승이었다. 특히 칸나에 전투는 역사에 길이 남을 만큼 전술적으로 뛰어난 전투였다. 거듭되는 패배로 로마의 운명은 풍전등화의 위기에 봉착한다. 이 때 로마를 구한 이는 젊은 나이의 스키피오였다. 한니발에게 몇 차례 패하기도 했으나, 결국 그의 전술의 효용성을 철저히 연구한 끝에 그를 능가하는 장군으로 성장했다. 무기도 이베리아 반도의 원주민들이 쓰던 짧은 양날 검(gladius)을 로마군의 주 무기로 택함으로써 접근전에서 큰 효력을 발휘했다. 또한 온갖 위험을 무릅쓰고 북아프리카로 건너가 카르타고 본국을 친 것이 주효했다. 한니발로 하여금 이탈리아 반도를 떠나지 않을 수 없도록 만들었기 때문이었다. 결국 기원전 202년 북아프리카의 자마에서 고대의 대표적인 두 명장이 만나 자웅을 겨루는데, 결과는 스키피오의 완승이었다. 이로써 제2차 포에니 전쟁은 끝난다. 이 전쟁의 승리로 로마는 명실상부하게 지중해 세계의 패자로 부상한다.

세월이 흘러 한니발도, 스키피오도 모두 죽어 역사의 뒤안

길로 사라진 후에도, 로마인들의 뇌리 속에는 여전히 한니발의 악몽이 살아 있었다. 제2의 한니발에 대한 병적인 피해망상은 결국 로마에 대한 적대행위를 그친지 오래인 카르타고를 지도상에서 지워버리게 만든다. 기원전 149년, 강경론자인 카토가 주동이 된 로마의 원로원은 카르타고에 무장해제를 요구했고, 이에 카르타고가 불응하자 제3차 전쟁이 시작된 것이다. 3년간의 포위 공격 끝에 기원전 146년 700여 년간의 영화를 누리던 카르타고가 함락된다. 주민들은 새로운 도시로 강제이주를 당했고, 도시는 철저히 파괴되었다. 잡초들만이 무성하게 자라는 버려진 땅이 된 것이었다. 그 자리에 다시 도시가 건설된 것은 그 후 백 여 년이 지난 율리우스 카이사르 때이다.

Los Reyes Católicos (Isabel de Castilla y Fernando de Aragón).

우리말로는 주로 '가톨릭 공동왕'으로 해석된다. 까스띠야의 이사벨 여왕과 남편인 아라곤의 페르난도 왕을 가리키는 말이다. 1469년 당시 공주였던 이사벨이 아라곤의 페르난도 왕자와 결혼함으로써 두 왕국이 통합된다. 그 힘을 바탕으로 1492년 마지막까지 남아있던 그라나다의 이슬람 왕국을 함락시켜 8세기만에 다시 이베리아 반도를 통일하게 된다. 같은 해 7월에는 안또니오 데 네브리하에 의해 로망스어 최초의 『스페인어 문법서 *Gramática castellana*』가 출간되고, 10월 12일에는 여왕의 도움으로 클럼부스가 신대륙을 발견한다. 이를 토대로 16세기 스페인은 '해가 지지 않는 나라'를 건설해 전 세계를 누비게 된다.

구문 설명

La lengua madre del español es el latín.

madre는 명사이지만, 이 경우에는 형용사적으로 쓰인 것이다. 따라서 lengua madre는 '모어'라는 뜻이다. 공통의 모어로부터 갈라져 나온 자매어들은 lengua hermana라고 한다. 스페인어, 프랑스어, 이탈리아어, 포르투갈어, 까딸루냐어, 프로방스어 등은 모두 라틴어를 모어로 하는 자매어들이다. 라틴어로부터 갈라져 나온 이 언어들을 '로망스어'라고 부른다. 한편 lengua madre처럼 명사가 명사를 수식하는 예들은 다음과 같다.

falda(s) pantalón 치마바지	ciudad(es) dormitorio 베드타운
piso(s) piloto 모델하우스/견본 주택	coche(s) cama 침대 객차
hombre(s) rana 개구리인간	asunto(s) clave 핵심 사안
niño(s) prodigio 영재(英才)	noticia(s) bomba 충격 뉴스
sofá(s) cama 침대 겸용 소파	coche(s) bomba 자동차 폭탄

202 a.C./ 476 d.C.

a.C. (기원전)는 antes de Cristo (그리스도 이전)의 약어이다. 반면에 기원후는 d.C., 즉 después de Cristo (그리스도 이후)인데, 표시를 하지 않기도 한다.

Lección 06 ¿Por qué los coreanos añoran Manchuria?

Los coreanos pertenecen a la raza mongólica, y su lengua, el coreano, a la familia uraloaltaica. Hace mucho los antepasados de esta raza vivían agrupados en las llanuras mongólicas alrededor del lago Baikal. Un grupo de ellos se trasladó al sur y echó raíces en la actual Manchuria y la Península Coreana. Manchuria, ubicada al norte de la península, pertenece actualmente al territorio chino.

Hace miles de años los antepasados de los coreanos construyeron el reino Goguryeo en esa zona. El reino compitió con las dinastías chinas llamadas Sui y Tang. Sui invadió Goguryeo con más de un millón de soldados, pero su invasión resultó un fracaso que propició su caída. Tang también lo invadió repetidas veces, pero no consiguió mucho. Goguryeo finalmente cayó en 668 debido a los conflictos internos y a la invasión de Tang. La mayor parte de sus territorios fueron recuperados por Balhae, otro reino creado por los antepasados coreanos y los manchúes.

En 1616, los manchúes levantaron su propia dinastía Ching y conquistaron toda la China. A partir de ese momento, esa zona pertenece a China. No obstante, los antepasados de los coreanos continuaron viviendo en esa región por muchos siglos. Después de la ocupación japonesa de 1910, muchos coreanos se trasladaron a esa zona para sobrevivir y para utilizarla como base de la independencia del país. Japón firmó un tratado fronterizo con China para reconocer a Manchuria como territorio chino, y así sigue siendo hasta ahora. Pero la mayoría de los actuales habitantes de la región siguen siendo coreanos.

Por esta razón histórica, los coreanos piensan que Manchuria es un territorio que deben recuperar algún día. Esa zona, en especial, aún conserva

muchas ruinas de sus antepasados como la tumba y la estela de Gwanggaeto, el Grande de Goguryeo. Este gran emperador construyó un imperio en esa zona. Eso hace añorar más la gloria de esa época a los coreanos de hoy.

왜 한국 사람들은 만주를 그리워하는가?

한국 사람들은 몽골족에 속하며, 한국어는 우랄알타이어 군에 속한다. 아주 오래 전 한국인의 조상들은 바이칼호 부근의 몽골 초원에서 무리지어 살고 있었다. 그들 중 한 무리가 남쪽으로 이동해 지금의 만주와 한반도에 정착했다. 한반도 북쪽에 위치해 있는 만주는 현재 중국의 영토에 속해 있다.

수 천 년 전 한국의 조상들은 이 지역에 고구려라는 왕국을 건설했다. 이 왕국은 수와 당이라 불리는 중국의 왕조들과 다투었다. 수나라는 백만 이상의 군대를 동원하여 고구려를 침공했으나 침략은 실패로 끝났고, 이 때문에 나라도 망하게 되었다. 당나라 또한 수차례 고구려를 침공했으나 큰 성공을 거두지는 못했다. 마침내 고구려는 668년 내부 갈등과 당의 침공으로 멸망하고 마는데 그 영토의 대부분은 한국인의 조상들과 만주인들이 세운 또 다른 왕국인 발해에 의해 수복되었다.

1616년 만주인들은 청이라는 자신들의 왕조를 세우고 중국 전역을 점령했다. 그때부터 이 지역은 중국에 속하게 된다. 그럼에도 불구하고 한국인들은 수 세기 동안 이 지역에서 계속 살고 있었다. 1910년 일본이 점령한 후 많은 한국 사람들은 생존과 독립 기지 건설을 위해 이 지역으로 이주했다. 일본은 중국과 국경 조약을 맺어 만주를 중국의 영토로 인정했으며, 조약은 지금까지 지속되고 있다. 그럼에도 불구하고 현재 이 지역 대부분의 주민들은 여전히 한국 사람들이다.

이러한 역사적 사실로 인해 한국인들은 만주를 언젠가는 되찾아야 할 땅이라고 생각하고 있다. 이 지역에는 아직도 고구려 광개토대왕의 무덤과 비석 같은 한국인들의 많은 유적들이 보존되어 있다. 광개토대왕은 이 지역에서 제국을 건설했고 그것은 한국인들로 하여금 그 시대의 영광을 더 그리워하게 만들고 있다.

구문 설명

Un grupo de ellos se trasladó al sur.

Un grupo de ellos는 이 구문에서 의미상 복수로 여겨질 수 있으나 Un grupo에 기초하여 문법적으로 단수로 사용된다. 다음 예문을 보자.

(i)

a. Un grupo de antepasados coreanos se trasladó al sur.

b. Un grupo de antepasados coreanos se trasladaron al sur.

위 (i-a)의 예문은 '한국인 선조들의 한 그룹이 남쪽으로 이주하였다.'의 의미로 동사 'se trasladó'는 'Un grupo'와 문법적으로 3인칭 단수를 나타내지만, (i-b)의 경우는 '한 그룹의 한국인 선조들이 남쪽으로 이주하였다.'라는 의미에 기초하면서 동사 'se trasladaron'은 'antepasados coreanos'와 문법적 일치를 보여준다. 그러나 명사 'grupo'가 정관사와 함께 사용되는 경우는 문법적 관계가 달라진다.

(ii)

a. El grupo de antepasados coreanos se trasladó al sur. [옳은 문장]

b. El grupo de antepasados coreanos se trasladaron al sur. [틀린 문장]

'El grupo de antepasados coreanos'처럼 '그 선조들의 그룹'은 한정적 의미를 나타내면서 동사는 단수형인 'se trasladó'가 사용되는 (ii-a)가 정확한 문장이다.
다음 예문들은 (i)과 같이 단수형과 복수형을 모두 취할 수 있는 경우들이다.

(iii)

a. Un tercio de los socios se {dieron/dio} de baja.
{3분의 1의 회원이/회원의 3분의 1이} 탈퇴했다.

b. Buena parte de ellos {han venido/ha venido} de Madrid.
{대다수의 그들은/그들의 대다수는} 마드리드에서 왔다.

c. Un par de policías {ayudaron/ayudó} a ese vendedor callejero.
{경찰 두 명이/두 명의 경찰이} 그 노점상을 도왔다.

d. Faltaron/Faltó un montón de estudiantes a clase.
{다수의 학생들이/학생들의 다수가} 수업에 결석했다.

e. Una serie de viajeros se accidentaron/se accidentó en Santiago.
{여행객들 한 그룹이/일단의 여행객들이} 산티아고에서 사고를 당했다.

… ubicada al norte de la península, …

'La ciudad Busan está ubicada en el sur de la Península de Corea.'는 '부산은 한반도 남쪽에 있다.'라는 표현으로 부산이 한반도 내부에 있음을 뜻하지만 제주도처럼 한반도의 아래 남쪽에 있음을 표현하기 위해서는 'La isla Cheju está ubicada al sur de la Península de Corea.'라고 표현해야 한다. 이와 같이 전치사 'a'는 두 공간 사이에 거리가 있는 경우에 사용되기도 한다.

Busan está a unos 400 kilómetros de Seúl, más o menos.
부산은 서울로부터 대략 400여 킬로미터 거리에 있다.

Mis abuelos viven a 100 metros de la estación de metro Las Ventas.
우리 조부모님은 지하철 Las Ventas역에서 100미터 거리에 사신다.

No obstante, los antepasados de los coreanos continuaron viviendo en esa región por muchos siglos.

일반적으로 진행의 의미는 'estar + 현재분사'로 나타내지만 이 구문뿐만 아니라 ir, seguir, llevar 등의 동사들과 함께 상황이나 행위의 지속 또는 진행을 표현할 수 있다.

Estoy escribiendo un e-mail.
나는 이메일을 한 통 쓰고 있다.

Estamos hablando de ese accidente.
우리는 그 사고에 대해 이야기하고 있다.

La situación va empeorando.
상황은 악화되어 가고 있다.

Marisa sigue leyendo la misma página.
마리사는 계속 같은 페이지를 읽고 있다.

Las chicas llevan dos horas charlando.
그 소녀들은 2시간 동안 잡담을 하고 있다.

아래에 제시된 본문의 예문들 또한 진행의 의미를 나타낸다.

… y así sigue siendo hasta ahora.

Pero la mayoría de los actuales habitantes de la región siguen siendo coreanos.

Lección 07 Canción del jinete

Canción del jinete

Federico García Lorca

Córdoba.
Lejana y sola.

Jaca negra, luna grande,
y aceitunas en mi alforja.
Aunque sepa los caminos
yo nunca llegaré a Córdoba.

Por el llano, por el viento,
jaca negra, luna roja.
La muerte me está mirando
desde las torres de Córdoba.

¡Ay qué camino tan largo!
¡Ay mi jaca valerosa!
¡Ay, que la muerte me espera,
antes de llegar a Córdoba!

Córdoba.
Lejana y sola.

기수의 노래

페데리꼬 가르시아 로르까

꼬르도바.
한적하고 머나먼 곳.

커다란 달빛을 받으며 검은 조랑말을 타고,
배낭에는 올리브 열매 몇 개.
길을 안다 하더라도
난 꼬르도바에 도착하지 못하리라.

광야로, 바람 속으로,
핏빛 달빛을 받으며 검은 조랑말을 탄 나를
죽음이 쳐다보고 있다
꼬르도바의 탑들 위에서.

아 머나먼 여정이여!
아 용감한 나의 조랑말이여!
꼬르도바에 도착하는 길에
죽음이 나를 기다리고 있구나.

꼬르도바.
한적하고 머나먼 곳.

작가 및 작품 설명

로르까

페데리꼬 가르시아 로르까(Federico García Lorca)는 1898년 스페인 그라나다(Granada)의 푸엔떼 바께로스(Fuente Vaqueros)에서 출생했으며, 27세대에 속하는 20세기 스페인의 대표적 시인이자 극작가이다. 스페인의 전통적 서정성을 현대적으로 표현한 시인이며, 특히 자신의 시를 통하여 고향인 안달루시아 지방을 초현실주의 기법으로 드라마틱하게 묘사하고 있다. 첫 번째 작품인 『시집 *Libro de poemas*』(1921)을 시작으로 『시가 *Canciones*』, 『깐떼 혼도 *Poema de Cante Jondo*』, 『집시 민요집 *Romancero gitano*』 등을 잇달아 발표하면서 그의 시세계는 점점 더 성숙해진다. 여기에 소개된 시 「Canción del jinete」는 로르까의 수많은 시들 중 가장 많이 알려진 작품으로, 1921년에서 1924년 사이에 쓰인 그의 시집 『시가 *Canciones*』에 수록된 시이다. 18세기 당시 꼬르도바로 가는 길목인 시에라 모레나(Sierra Morena)는 산적들이 끊임없이 출몰하는 지역이라 여행객들에게는 위험하기 짝이 없는 산길이었다. 로르까는 이 점에 착안해 이 시를 지었는데, 로르까 특유의 죽음에 대한 초현실적 사유가 돋보이는 수작이다. 로르까는 연극에서도 불멸의 작품들을 남겼는데, 특히 『피의 결혼 *Bodas de sangre*』(1933), 『예르마 *Yerma*』(1934), 『베르나르다 알바의 집 *La casa de Bernarda Alba*』(1936) 등은 지금도 많은 대중적 사랑을 받고 있는 작품들이다. 그의 연극은 대부분 스페인 연극에 있어 다분히 혁신적이고 실험적인 것들이다. 1932년에는 대학극단인 '라 바라까 La barraca'를 조직하여 스페인 민중을 소재로 한 고전극과 현대극을 끊임없이 대중들에게 소개하기도 했다. 스페인 내전이 일어난 해인 1936년 프랑코파 군인들에 의해 총살을 당함으로써 짧은 생애를 마감했다.

Lección 08

Las islas Dokdo

Geográficamente Dokdo es un grupo de islas ubicadas entre Japón y Corea. Históricamente ha sido parte del territorio coreano desde el siglo VI. Esta realidad se puede confirmar en varios documentos históricos.

En 1910 Japón se apoderó de la soberanía de Corea. La ocupación concluyó en 1945 con el término de la Segunda Guerra Mundial. Al final de la guerra, las tres potencias aliadas — Estados Unidos, Gran Bretaña y China— ordenaron a Japón devolver todos los territorios arrebatados a Corea por la fuerza. De modo que cuando Corea fue liberada, también las islas Dokdo fueron devueltas. Ahora viven en la isla una familia y agentes de la Policía Marítima. De modo que Corea está ejerciendo la soberanía de las islas Dokdo de manera histórica y real.

Entonces, ¿por qué Japón reclama la soberanía de estos islotes? Porque son una zona rica en varios recursos naturales bajo su lecho marítimo. Japón insiste en que las islas Dokdo no se incorporaron a la lista de devolución, pero esa es una afirmación falsa. Recientemente se ha descubierto un documento del gobierno japonés firmado en 1945 en el que Japón expresó con claridad que las islas Dokdo no pertenecían a su territorio. Sin embargo, Japón desea que la zona sea reconocida internacionalmente como zona de conflicto, esperando ejercer o compartir algún día su derecho a esa región. Además, siempre que surgen problemas internos, el gobierno japonés

aprovecha este tema para distraer la atención de su pueblo. Ante este asunto, todos los coreanos poseen una postura rotunda y están procurando convencer a la comunidad internacional con todas las medidas posibles.

독도

지리적으로 독도는 일본과 한국의 사이에 위치한 일단의 섬들이다. 역사적으로는 6세기부터 대한민국 영토의 일부였으며, 이 사실은 다양한 사료에서 확인되어질 수 있다.

1910년 일본은 한국의 주권을 침탈해갔고, 그 지배는 2차 세계대전의 종식으로 마무리되었다. 전쟁의 막바지에 3개의 주요 연합국 –미국, 영국, 중국– 은 일본에게 강제로 빼앗은 모든 영토를 한국에 반환할 것을 명령했다. 이로써 한국은 독립을 성취했을 때 독도도 되돌려 받았던 것이다. 지금은 섬 안에 한 가족과 해양경찰 대원들이 상주하고 있다. 따라서 한국은 역사적으로나 실질적으로 독도에 대한 지배권을 행사하고 있는 것이다.

그렇다면 일본은 왜 이 작은 섬들에 대한 지배권을 주장하고 있는 것일까? 그 이유는 이 섬들이 그 해양층 밑에 다양한 천연자원을 가지고 있기 때문이다. 일본은 독도가 반환 목록에 포함되지 않았다고 우기고 있지만, 이는 잘못된 주장이다. 최근 1945년에 서명된 일본 정부의 한 문서가 발견되었는데, 그 문서에서 일본은 독도가 자신들의 영토에 속하지 않는다고 분명하게 밝혔던 것이다. 그럼에도 불구하고 일본은 언젠가 이 지역에 대한 권리를 행사하거나 공유하기를 기대하며 이 지역이 국제적으로 분쟁 지역으로 인식되어지기를 바라고 있다. 게다가 일본 정부는 국내 문제들이 불거질 때마다 국민들의 주의를 다른 데로 돌리기 위하여 항상 이 문제를 이용한다. 이 사안 앞에서 모든 한국 사람들은 단호한 태도를 취하고 있으며 가능한 모든 방법들을 동원하여 국제 사회를 설득시키려 애쓰고 있다.

구문 설명

En 1910 Japón se apoderó de la soberanía de Corea.

동사 apoderar는 다음과 같이 대명사의 동반 유무와 전치사의 선택에 따라 다양한 용법을 갖는다.

Voy a apoderar a mi hijo para solucionar este problema.
나는 이 문제를 해결하기 위해 내 아들에게 위임을 할 것이다.

La incertidumbre se apoderó del mercado bursátil español.
불확실성이 스페인 주식시장을 덮쳤다.

El 13 de agosto de 1521, Hernán Cortés se apoderó de México, poniendo fin al imperio Azteca.
1521년 8월 13일 에르난 코르테스는 멕시코를 찬탈하고 아즈텍 왕국에 종지부를 찍었다.

Al final de la guerra, las tres potencias aliadas ... ordenaron a Japón devolver todos los territorios arrebatados a Corea por la fuerza.

타동사인 ordenar는 '~에게 ~할 것을 명령하다'라는 뜻으로, 명령하는 내용은 'devolver todos los territorios arrebatados a Corea por la fuerza'처럼 부정사구문으로 표현하고 명령하는 대상을 전치사와 함께 'a Japón'처럼 간접목적격으로 표시한다.

한편 위 문장은 'ordenaron a Japón que devolviera todos

los territorios arrebatados a Corea por la fuerza'처럼 절의 형태로도 바꾸어 쓸 수 있다.

De modo que cuando Corea fue liberada, también las islas Dokdo fueron devueltas.

'de modo que' 앞에서 언급한 내용을 바탕으로 이성적 판단을 하여 그 결과로 이어지는 내용을 이끌어 낼 때 사용하는 접속사이다.

La situación financiera de ese hospital general iba empeorando. De modo que se marcharon los médicos y pacientes y ahora el hospital está casi vacío.
그 종합병원의 재정상황은 악화되어 갔다. 그래서 의사들과 환자는 떠났고 이제 병원은 거의 텅 비었다.

Altos niveles de azúcar en la sangre aumentan el riesgo de un ataque al corazón, un derrame cerebral y problemas en los riñones. De modo que, a partir de ahora, Ud. debe revisar su nivel de azúcar con un medidor de glucosa todos los días.
높은 혈당 수치는 심장마비, 뇌졸중과 신장문제의 위험을 증가시킵니다. 따라서 지금부터 귀하는 매일 혈당계로 자신의 혈당수치를 체크하셔야 합니다.

Además, siempre que surgen problemas internos, el gobierno japonés aprovecha este tema para distraer la atención de su pueblo.

'siempre que~' 다음에는 접속법이 올 수도, 직설법이 올 수도 있다. 아직 행위가 구체적으로 이루어지지 않았거나 그 행위가 말하는 사람의 의식 속에서만 존재하고 있을 때에는 접속법이, 반대로 그 행위가 구체적으로 실현되는 것이라면 직설법이 와야 한다.

위의 예문에서 일본이 내부적인 문제가 불거질 때마다 국민의 관심을 다른 곳으로 돌리려고 독도 문제를 이용한 것은 엄연한 사실이므로 직설법이 온 것이다. 그런데 어떠한 일이 아직 구체적으로 일어난 것이 아니고 미래에 일어날 수도 있는 일이라면 접속법이 와야 한다.

Siempre que estés libre, pasa a mi casa.
시간 날 때면 언제든지 내 집에 들러라.

Notas

Lección 09 Historia de la literatura española

La historia de la literatura española se remonta al siglo XI. En aquel entonces los españoles emprendieron una guerra contra los moros, llamada La Reconquista, para recuperar su territorio. Entre muchos héroes medievales el más famoso es Rodrigo Díaz de Vivar de Castilla. Basándose en su hazaña se ha creado la primera obra literaria en castellano, *El cantar del mío Cid*. No se conoce su autor.

Entre las obras del siglo XIV merece la pena hablar de *El libro de buen amor*, de Juan Ruíz, Arcipreste de Hita. En el siglo XV aparece una obra, *La Celestina*, que cuenta los amores trágicos de los jóvenes con la intervención de la vieja Celestina. Esta tragicomedia hace de puente entre lo medieval y lo renacentista.

En el siglo XVI surge un género narrativo creado por los escritores españoles, el picaresco. Su obra más representativa es *La vida de Lazarillo de Tormes*. El protagonista Lázaro se aventura en una amarga sociedad española con varios amos astutos.

En toda la historia de la literatura española, la obra más conocida es, sin duda alguna, *El ingenioso hidalgo don Quijote de la Mancha*, de Miguel de Cervantes Saavedra. La primera parte apareció en 1605 y la segunda en 1615. El maestro crea dos personajes universales, uno idealista, don Quijote, y otro realista, Sancho Panza. El dramaturgo del Siglo de Oro, Tirso de Molina, también crea un personaje universal, Don Juan, protagonista de *El burlador de Sevilla*.

A principios del siglo XX los escritores se sienten dolidos por la situación decadente de España e intentan superarla por medio de sus obras. Entre muchos se destacan Miguel de Unamuno, con *Niebla* y Federico García Lorca, con *Bodas de sangre*. España tiene cinco escritores que recibieron el Premio Nobel en Literatura: José Echegaray (1904), Jacinto Benavente (1922), Juan

세르반테스

Ramón Jiménez (1956), Vicente Aleixandre (1977) y Camilo José Cela (1989).

스페인 문학사

스페인 문학의 역사는 11세기까지 거슬러 올라간다. 그 당시 스페인 사람들은 모로인들에게 빼앗긴 자신들의 영토를 다시 찾기 위해 이른바 '국토회복전쟁'을 수행하고 있었다. 중세의 수많은 영웅들 중에서 가장 유명한 인물은 까스띠야 왕국의 로드리고 디아스 데 비바르이다. 그의 무훈에 기초하여 작자 미상의 『엘 시드의 노래』라는 까스띠야어로 된 최초의 문학작품이 만들어졌다.

14세기의 작품들 중에서는 이따 지방의 수석사제였던 후안 루이스의 『훌륭한 사랑에 관한 책』이 언급할 만하다. 15세기에는 『라 셀레스띠나』라는 작품이 등장하는데, 이는 셀레스띠나라는 노파의 중매로 벌어진 젊은이들의 비극적 사랑을 그리고 있다. 이 희비극은 중세적인 요소와 르네상스적인 요소간의 가교 역할을 해주고 있다.

16세기에는 스페인 작가들에 의해 창조된 피카레스크라는 서술 장르가 나타난다. 가장 대표적인 작품은 『라사리요 데 또르메스의 인생』이다. 주인공 라사로는 여러 명의 교활한 주인들을 겪으며 스페인의 비참한 사회 속에서 역경을 헤쳐 나간다.

스페인 문학사 전체를 통해서 가장 유명한 작품은 의심할 여지없이 미겔 데 세르반떼스 사아베드라의 『재치 넘치는 시골 귀족 돈끼호떼 델 라 만차』이다. 1부는 1605년에 출판되었고 2부는 1615년에 출판되었다. 대문호는 두 명의 보편적인 인물상을 창조했는데, 하나는 이상주의자인 돈끼호떼이고 다른 하나는 현실주의자인 산초 빤사이다. 황금세기의 극작가인 띠르소 데 몰리나도 『세비야의 농락자』의 주인공인 돈 후안이라는 또 다른 보편적 인물을 창조하였다.

20세기 초에 스페인의 작가들은 쇠퇴해가는 스페인의 상황에 대해 괴로워하며 자신들의 작품을 통해 이를 극복하고자 노력하였다. 많은 작가들 중에서 『안개』의 미겔 데 우나무노와 『피의 결혼식』의 페데리꼬 가르시아 로르까가 두드러진다. 스페인은 노벨문학상을 받은 다섯 명의 작가들을 보유하고 있다. 호세 에체가라이(1904), 하신또 베나벤떼(1922), 후안 라몬 히메네스(1956), 비센떼 알레익산드레(1977), 까밀로 호세 셀라(1989)가 바로 그들이다.

배경 설명

스페인은 역사적인 아메리카 대륙의 발견과 식민지 건설, 그리고 회화, 조각, 음악, 문학 등 다방면의 예술 및 문화적 업적들을 통하여 서양 문화의 풍부함과 위대성의 창출에 커다란 공헌을 한 바 있다. 로마의 문명을 받아들였던 스페인은 중세 800년 동안 이슬람교도들의 지배를 받으며 수용한 아랍 문화를 유럽에 전파하였다.

까스띠야 지방은 그들의 언어를 통하여 스페인 제국을 창조하기에 이르렀으며, 이 까스띠야인들 사이에서 생성되어졌던 사실주의는 오늘날까지도 스페인 문학이 지니고 있는 항구적인 가치로 자리를 잡았다. 르네상스 기간 중에는 이탈리아의 영향하에 있었으며, 스페인은 이 르네상스 정신을 받아들이고 자신들의 것으로 소화해 내었다. 이후 17세기에는 서양에서 가장 전형적인 바로크 문학을 창출하였고 스페인 문학사는 이 시대를 16세기 르네상스문학과 함께 '황금세기'라 부른다. 18세기 들어 프랑스, 독일, 영국의 부상으로 다소 침체기를 겪었던 스페인 문학은 19세기 후반부터 부활하여 20세기 전반기까지 황금세기 때 못지않은 주옥같은 문학작품들을 쏟아내는데, 이른바 '은의 시대(Edad de Plata)'이다.

스페인 문학은 서양에 셀레스띠나, 돈 끼호떼, 돈 후안이라는 세 가지 유형의 불멸의 인물상을 선사하였으며, 대문호 세르반떼스를 통하여 근대소설을 탄생시키기도 하였다. 다양성과 풍부함과 고유의 아름다움을 지닌 스페인 문학은 우리가 탐독하고 연구해볼 가치가 충분히 있으며, 스페인 문학에 대한 이해는 우리를 인간성에 대한 깊이 있는 통찰로 이끌어준다.

엘 시드와 『엘 시드의 노래』

엘 시드는 1040년경 부르고스 인근에 위치해 있는 비바르라는 작은 마을에서 태어났다. 당시 이베리아 반도는 기독교도들이 이슬람교도들을 상대로 한창 국토회복전쟁을 벌이고 있는 상황이었다.

시골 귀족 가문 출신인 로드리고는 까스띠야와 레온의 군주인 페르난도 1세의 궁정에서 교육받고 궁정기사로 활약하고 있었다. 1065년 페르난도 1세가 죽자 왕국은 두 아들에게 분할된다. 큰 아들인 산초 2세는 까스띠야 왕국을, 작은 아들인 알폰소 6세는 레온 왕국을 물려받았다. 그러나 형제들 사이에 영토 다툼이 벌어졌고, 1072년 산초 2세가 사모라에서 암살을 당한다. 까스띠야인들은 암살의 배후세력으로 알폰소 6세를 의심했으나, 구체적인 증거도 없고 그가 산초 2세의 뒤를 이어 까스띠야의 왕위계승권을 갖고 있어 어찌할 도리가 없었다.

그러나 시드는 귀족 대표로 나서 알폰소 6세에게 까스띠야의 왕위에 오르기 전에 산초 왕의 죽음과 아무런 관련이 없음을 맹세해 결백을 밝히라고 요구한다. 알폰소 6세는 분노와 굴욕감을 느끼면서 많은 사람들 앞에서 이를 맹세했고, 시드를 위시한 모든 까스띠야의 귀족들은 알폰소 6세를 새로운 군주로 맞이한다. 이를 계기로 시드는 알폰소 왕의 미움을 사게 되며, 정적들로부터 공격을 당하게 된다. 결정적으로 세비야의 모로 왕으로부터 공물을 거두어오는 과정에서 개인적으로 선물을 받은 것과, 국왕의 허락 없이 단독으로 똘레도를 공격한 사건으로 추방에 처해진다. 이에 시드는 가산을 정리하고 왕국을 떠난다. 그의 무훈을 노래한 『엘 시드의 노래』는 여기서부터 시작된다.

국왕으로부터 추방당한 시드는 부하들을 거느리고 모로인들의 땅으로 들어간다. 살아남기 위해 어쩔 수 없이 싸울 수밖에 없었고, 늘 큰 승리를 거두었다. 그때마다 시드는 자신을 추방한 알폰소 왕에게 공물을 바친다. 특히 풍요로운 발렌시아 왕국을 점령하고도 그는 변함없이 국왕에게 충성을 다한다. 후에 국왕으로부터 용서를 받으며, 북아프리카에서 재차 북상하는 알모라비데족을 맞아 싸우다 1099년 발렌시아에서 사망한다.

까스띠야어로 쓰여진 최초의 문학작품인 『엘 시드의 노래』는 대개의 유럽 중세 서사문학이 그렇듯이 작가 미상이다. 많은 사람들의 입에서 입으로 구전되다가 1140년경에 처음 기록되었다고 한다. 당시 이 마을 저 마을을 떠돌아다니며 사람들에게 춤과 노래, 이야기 등을 들려주고 그 대가로 음식과 돈을 벌었던 방랑시인들을 후글라르(juglar)라 불렀는데, 『엘 시드의 노래』는 바로 이들이 가장 애송하던 이야기였다. 주인공인 시드가 죽은 후부터 누군가에 의해서 그의 무훈을 기리는 노래가 불리기 시작했고, 시간이 지나고 입에서 입으로 전해지면서 차츰 지금의 형태가 갖추어진 것이다.

'시드(Cid)'란 아랍어로 '님', '주군', '주인'이라는 의미의 경칭으로서, 아랍인들이 주인공인 로드리고 디아스 데 비바르의 무용을 두려워하고 그의 덕을 흠모해 붙여준 것이라고 한다. 엘 시드의 국왕에 대한 변치 않는 충성심과 굳건한 신앙심, 가족과 부하들에 대한 사랑, 적들까지도 포용하는 후덕함 등은 지금까지도 고결한 영웅 정신으로 추앙받고 있으며 많은 스페인인들로부터 찬사를 받고 있다.

98세대 (Generación del 98)와 27세대 (Generación del 27)

98세대

1898년 미국과 스페인은 쿠바 문제를 둘러싸고 전쟁을 일으킨다. 이 전쟁에서 패한 스페인은 그해 12월, 미국과 파리조약을 맺음으로써 마지막 식민지인 쿠바, 필리핀, 푸에르토리코, 괌을 모두 상실한다. 이것은 16세기 이후 유지해오던 스페인 제국의 종말을 의미하는 것이었다. 이러한 국가적 재난을 목도하면서, 스페인 문인들은 국가의 위기에 대한 반성과 성찰을 즉각 자신들의 문학에 반영시켰다. 스페인 문학은 위기에 처한 조국에 대해 반성적인 글쓰기를 시도했던 이 일군의 작가들을 '98세대'라 부른다. 그 대표적인 인물들로는 98세대의 선구자로 불리는 앙헬 가니벳(Ángel Ganivet)을 비롯하여, 미겔 데 우나무노(Miguel de Unamuno), 라미로 데 마에스뚜(Ramiro de Maeztu), 삐오 바로하(Pío Baroja), 아소린(Azorín), 안또니오 마차도(Antonio Machado), 라몬 델 바예 잉끌란(Ramón del Valle-Inclán) 등을 들 수 있다.

이 98세대 작가들은 스페인적 전통과 그 위기 상황을 심층분석하고자 노력했으며, 그 해결책을 모색하는 이념적 문학을 창출했다. 이들은 구체적으로 스페인과 스페인적인 것에 대해 관심을 기울였는데, 스페인의 평원, 도시, 유적지 그리고 문학작품 등 자신들이 태어난 조국의 산천과 문화유산을 진지하게 조명하였다. 이들의 작품 속에는 공통적으로 스페인의 찬란했던 과거에 대한 기억과 더불어, 스페인의 쇠퇴와 몰락에 대한 통렬한 비판이 나타난다. 문체적인 면에서 이들 작가들의 글쓰기에는 두 가지 중요한 특징이 나타나는데, 첫 번째는 산문적인 언어를 벗어나 문체에 세심한 주의를 기울였다는 점이고, 두 번째는 스페인의 전통에서 우러나온 어휘나 각 지방에서 사용되는 낱말에 관심을 보였다는 점이다. 이러한 면은 비록 98세대 문학의 관심이 국가적 문제에서 출발했지만, 이들의 문학 기법은 이후 20세기 문학을 특징짓는 주관성과 서정성의 흐름에 연결된다는 점에서 중요한 미학적 의미를 지닌다.

27세대

1927년 세비야 학회는 스페인 황금세기의 대표적 시인이었던 루이스 데 공고라(Luis de Góngora) 서거 300주기를 추모하는 행사를 열었다. 이 추모식에 참가한 시인들은 스페인 서정시의 세계에 새로운 황금시대를 열게 되는데, 스페인 문학사는 이들을 가리켜 '27세대'라 부른다. 라파엘 알베르띠(Rafael Alberti), 페데리꼬 가르시아 로르까(Federico García Lorca), 호르헤 기옌(Jorge Guillén), 다마소 알론소(Dámaso Alonso), 헤라르도 디에고(Gerardo Diego), 뻬드로 살리나스(Pedro Salinas), 비센떼 알레익산드레(Vicente Aleixandre), 루이스 세르누다(Luis Cernuda) 등이 그들이다.

27세대 시인들은 바로 이전 세대인 98세대의 작가들 중에서 우나무노와 마차도를 특히 존경하였고, 후안 라몬 히메네스(Juan Ramón Jiménez)를 시적 스승으로 생각했다. 이들 중 로르까는 생동감 넘치는 민요를 활용하여 대중에게 자연스럽게 접근했으며, 알베르띠는 중세적 전통의 성격이 강한 익살적인 내용을 많이 담고 있는 가요집을 창작했다. 살리나스와 기옌 등은 순수시, 즉 전통적이고 본질적인 시 형식을 옹호하면서 순수시 이외의 다른 모든 형식의 시 형태를 배격한다. 기법의 완벽성, 미학적 순수성 그리고 무엇보다도 감정적 요소의 배척에 대한 열망이 이들의 시에서 분출되었다. 새로운 이미지, 창조적인 은유의 개발, 순수시를 향한 그들의 노력은 그 당시 유럽시가 추구했던 전위주의 문학의 흐름과도 일치한다. 1977년 27세대의 일원인 비센떼 알레익산드레가 노벨문학상을 받았을 때, 그의 시에 대한 스웨덴 한림원의 평가는 27세대의 문학적 특징을 잘 보여준다. 스웨덴 한림원의 평가에 의하면, 알레익산드레의 시는 스페인 서정시의 전통을 기반으로 현대시의 흐름을 수용하여 우주와 인간 간의 관계를 모색한 창작시라는 것이다.

구문 설명

La historia de la literatura española se remonta al siglo XI.

동사 remontar는 '~을 높이 올리다,' '~을 거슬러 오르다'라는 의미의 타동사이다. 따라서 주어가 '~까지 거슬러 오르다'는 'remontarse a (또는 hasta)'라는 표현을 쓴다.

El profesor se remontó hasta la época de Dangun para defender su teoría.
교수는 자기 이론을 옹호하기 위해 단군시대까지 거슬러 올라갔다.

Esta tragicomedia hace de puente entre lo medieval y lo renacentista.

동사 hacer는 '~을 만들다'라는 뜻의 타동사지만, 전치사 de와 함께 쓰여 '~역할을 하다,' '~로서 일하다'라는 뜻이 된다. 위 문장에서 전치사 de가 없으면 '(구체적인) 다리를 만들다'라는 다른 의미를 지니게 된다. 따라서 이 경우에는 전치사가 쓰여야만 '(추상적인) 가교 역할을 하다'라는 의미가 되는 것이다.

El presidente de Corea actuará de puente entre Corea del Norte y EE.UU. sobre la desnuclearización.
한국 대통령은 비핵화 문제와 관련하여 북한과 미국 간의 가교 역할을 할 것이다.

hacer de 구문은 다음과 같은 의미로도 쓰인다.

Él hizo de tonto.
그는 바보인 척 했다.

Él hizo de rey.
그는 국왕 역할을 했다.

El protagonista Lázaro se aventura en una amarga sociedad española con varios amos astutos.

동사 aventurar는 "위험을 무릅쓰고 …하다, …을 모험적으로 해보다, …을 대담하게도 해보다, 감행하다"의 뜻을 갖는 타동사이다.

El equipo de investigación aventuró una explicación sobre la causa del fallo mecánico del avión.
조사팀은 그 비행기의 기체 결함의 원인에 대해 과감히 설명했다.

한편 전치사 'en'을 동반한 대명동사로도 사용된다.

Esa empresa electrónica se aventuró en la industria de LCD en 1993.
그 전자회사는 1993년 LCD산업에 발을 들여 놓았다.

다음과 같은 속담에도 사용된다.

El que no se aventura no pasa la mar.
위험을 무릅쓰지 않으면 아무것도 얻을 수가 없다.

A principios del siglo XX …

a principios de는 '~초에'라는 의미이다. 따라서 여기서는 '20세기 초에'라는 뜻이다. 아래의 표현도 참고로 익혀두기 바란다.

a mediados de ~중반에

a finales de, a fines de ~후반에

Nevó a mediados de marzo.
3월 중순에 눈이 왔다.

Él viajó por Arabia a finales de la Edad Media.
그는 중세 말에 아라비아를 여행했다.

los escritores se sienten dolidos por la situación decadente de España ...

sentir가 타동사로 쓰이는 경우 주로 감각을 통한 내적 외적 경험이나 인지를 표현한다.

Casi un 70 por ciento de usuarios dice sentir "vibraciones fantasma" del celular.
약 70%의 사용자들이 휴대전화의 "팬텀 바이브레이션"을 느낀다고 한다.

한편 본문에서와 같이 sentirse로 사용될 경우 형용사와 함께 "~한 상태(를 느끼)다."의 의미를 나타내기도 한다.

Me siento muy cansado.
나는 매우 피곤하다. 피곤하게 느껴진다.

Notas

Lección 10 Religiones de Corea

En Corea existe una completa libertad religiosa. Tradicionalmente la religión con más influencia sobre los coreanos es el budismo. Es la primera religión introducida al país a finales del siglo IV y se arraigó en casi todas las áreas de la vida de la población. Incluso la mayor parte de los no religiosos tiende a inclinarse inconscientemente hacia el budismo. Este fenómeno se parecería al inmanentismo cristiano que se encuentra en los europeos.

El protestantismo ocupa el segundo lugar. Su historia no es tan antigua, ya que llegó al país a finales del siglo XIX por intermedio de misioneros occidentales. Esta religión experimenta un crecimiento muy rápido mientras que el número de los budistas está disminuyendo.

El catolicismo tiene más larga trayectoria que el protestantismo, desde el siglo XVI. El primer misionero que llegó a Corea es Gregorio Céspedes. Pero no existen creyentes hasta el siglo XVIII. En aquel entonces los coreanos lo admiten y estudian como una filosofía occidental. Posteriormente se estableció como religión. Es el único caso del mundo en que se admite el catolicismo por sí mismo sin sacerdotes. A pesar de las tremendas persecuciones que padeció ahora ocupa el tercer puesto.

En la actualidad existen también otras religiones como el islamismo, hinduismo, y otras por la inmigración de muchos extranjeros. Aunque en Corea existen diversas religiones, no se dan conflictos ni hostilidades entre ellas. Saben convivir pacíficamente respetándose unas a otras.

한국의 종교

한국에는 완전한 종교의 자유가 존재한다. 전통적으로 한국 사람들에게 가장 직접적으로 영향을 미치는 종교는 불교이다. 이는 4세기 말 한국에 도입된 최초의 종교이며 한국인의 삶 전반에 뿌리를 내렸다. 대부분의 비종교인들조차도 무의식적으로 불교에 기우는 경향이 있다. 이는 유럽인들에게서 발견되는 그리스도교적 내재성과 유사하다.

개신교는 두 번째 자리를 차지하고 있으며 그 역사는 그리 오래지 않다. 왜냐하면 19세기 말에 서양 선교사들을 통해 우리나라에 들어왔기 때문이다. 불교도의 수가 감소하고 있는 반면에 이 종교는 무척 빠른 성장세를 보이고 있다.

16세기부터 전파된 천주교는 개신교보다 더 오랜 역사를 갖고 있다. 한국에 들어온 최초의 선교사는 그레고리오 세스뻬데스이지만, 18세기 들어서야 신도들이 생겨난다. 그 당시 한국 사람들은 이를 서양의 철학으로 받아들여 연구했고, 종교로 정착한 것은 그 이후이다. 이는 사제 없이 스스로 천주교를 받아들인 경우로서 세계에서 유일하다. 극심한 박해를 겪었음에도 불구하고 천주교는 오늘날 한국에서 세 번째로 규모가 큰 종교가 되었다.

현재 한국에는 많은 외국인들의 이민으로 이슬람이나 힌두교와 같은 다른 종교들도 존재한다. 그럼에도 불구하고 그들 사이에는 갈등이나 적대감이 발생하지 않는다. 서로 존중하면서 공존하는 법을 알고 있는 것이다.

구문 설명

En aquel entonces los coreanos lo admiten y estudian como una filosofía occidental.

como는 접속사나 전치사 등으로 매우 다양하게 쓰인다. 여기서는 '~로서'라는 의미로 사용되었다. 주로 쓰이는 용법은 아래와 같다.

Yo no soy como tú.
나는 너와 같지 않다.

Brilla como el oro. (관사와 함께 쓰임)
그것은 황금처럼 빛난다.

Asistió a la boda como testigo. (관사 없이 쓰임)
그는 결혼식에 증인으로 참석했다.

Como recibió la carta muy tarde, no pudo llegar a tiempo.
그는 편지를 무척 늦게 받았기 때문에, 제 시간에 도착할 수 없었다.

Como llegamos a la posada, se dispuso la cena.
우리가 여관에 도착하자마자, 저녁이 준비되었다.

Pero no existen creyentes hasta el siglo XVIII.

'~가 되어서야 비로소 ~이 되다'라는 의미의 구문이다. 이를 스페인어로 표현하면 '~할 때까지는 ~되지 않는다'가 된다. 같은 의미를 표현하더라도 우리말과 스페인어 간에 표현 방법의 차이가 있다는 사실에 유의해야 하는 대표적인 예이다.

Los niños no terminaron los juegos de internet hasta que mamá se enfadara con ellos.
그들은 어머니께서 화를 내서야 비로소 인터넷 게임을 끝냈다.

incluso와 inclusive

1. incluso

1) 전치사

Incluso los críticos más severos han criticado su obra.
가장 강력한 비평가들마저도 그의 작품을 비판했다.

Ha venido incluso tu padre.
너의 아버지도 오셨어.

2) 부사

Esta paella nos ha gustado mucho, incluso a mis hijos.
우리는 이 빠에야가 너무 좋았는데 우리 아이들도 좋아했다.

Ese jugador jugaba muy bien incluso con la lesión en la rodilla.
무릎 부상 상태에서조차도 그 선수는 잘 뛰었다.

Incluso lloviendo, iremos de excursión.
비가 온다 하더라도 우리는 야유회를 갈 것이다.

2. inclusive

1) 부사

Tenemos vacaciones hasta el día doce inclusive.
우리는 12일까지 포함해서 휴가다.

Inclusive llamamos por teléfono para ver si lo localizábamos.
그를 찾을 수 있을지 알아보고자 우리는 전화도 했다.

Prefiero inclusive que no venga nadie a visitarme.
나는 아무도 나를 보러 오지 않는 것도 좋아.

2) 전치사

Vinieron todos, inclusive sus padres.
모두 왔으며 그의 부모님도 오셨다.

Notas

Lección 11 Mensaje del rey Juan Carlos I ante el intento de golpe de estado del 23 de febrero de 1981

스페인 국왕

Al dirigirme a todos los españoles, con brevedad y concisión, en las circunstancias extraordinarias que en estos momentos estamos viviendo, pido a todos la mayor serenidad y confianza y les hago saber que he cursado a los capitanes generales de las regiones militares, zonas marítimas y regiones aéreas la orden siguiente:

Ante la situación creada por los sucesos desarrollados en el palacio del Congreso, y para evitar cualquier posible confusión, confirmo que he ordenado a las autoridades civiles y a la Junta de Jefes de Estado Mayor que tomen todas las medidas necesarias para mantener el orden constitucional dentro de la legalidad vigente.

Cualquier medida de carácter militar que, en su caso, hubiera de tomarse, deberá contar con la aprobación de la Junta de Jefes de Estado Mayor.

La Corona, símbolo de la permanencia y unidad de la Patria, no puede tolerar en forma alguna acciones o actitudes de personas que pretendan interrumpir por la fuerza el proceso democrático que la Constitución votada por el pueblo español determinó en su día a través de referéndum.

1981년 2월 23일 군사 쿠데타 기도에 대한 후안 까를로스 1세 국왕의 담화

본인은, 현재 우리가 처해있는 특별한 상황에서, 전 스페인 국민들에게 최대한 침착하고 안심하시기를 짧고 간결하게 당부 드리며, 육·해·공군 지구 사령관들에게 다음과 같은 명령을 하달했음을 알려 드립니다.

본인은 국회의사당에서 발생한 사태로 야기된 상황 앞에서 그리고 가능한 여타 혼란을 피하기 위해, 민간 당국과 총참모부에 현행 법 체계 내에서 헌법 질서를 유지하기 위해 필요한 모든 조치를 취하도록 명령하였음을 밝혀두는 바입니다.

군사적 성격의 조치가 취해지고자 하는 경우에는 반드시 총참모부의 승인을 얻어야 합니다.

조국의 영속과 단합의 상징인 왕실은 스페인 국민들의 투표로 제정된 헌법이 결정한 민주화 과정을 무력으로 방해하고자 획책하는 어떠한 형태의 행동이나 행위도 용납하지 않을 것입니다.

배경 설명

이 연설문은 1981년 2월 23일 발생한 군사 쿠데타에 대한 국왕의 입장을 짧지만 명쾌하고 단호하게 밝히고 있다. 이 쿠데타는 프랑코 사후 민주화 이행기 중에 극우 군부 세력에 의해 시도된 것으로, 이들은 사회주의로부터 조국을 지키고 국왕을 지지하겠노라고 선언했지만 국왕은 반민주적인 군사반란이라고 규정하며 이를 단호히 거부했다.

1981년 2월 23일은 국회(Congreso de los Diputados)에서 깔보 소뗄로(Calvo Sotelo) 신임 수상의 취임식이 열리는 날이었다. 이를 중계하기 위해 국회의사당 내에 TV카메라와 마이크가 설치되었고, 취임식이 시작되려는 순간 안또니오 떼헤로(Antonio Tejero) 중령이 이끄는 200여 명의 보안군(Guardia Civil) 소속 군인들이 들이닥쳐 의사당은 순식간에 아수라장으로 변했다. 권총과 기관총으로 무장한 군인들은 항의하는 의원들을 제지하기 위해 천장에 기관단총을 난사하기도 했다. 이러한 장면은 TV와 라디오를 통해 전국에 고스란히 방영되었고, 지금도 인터넷 상에서 당시의 장면을 볼 수 있다. 발발 날짜로 인해 이 쿠데타를 흔히 '23-F'라고 부른다.

쿠데타 주동자들은 프랑코 사후 진행된 민주화 과정에서 사회주의가 만연해 조국이 다시금 위기에 처했기 때문에 자신들이 이를 구하고자 봉기했노라고 선언하였다. 또한 이들은 국왕에 대한 충성을 선언함으로써 친위쿠데타라고 알리려 하였다.

실제로 이에 호응해 발렌시아 지역의 하이메 밀란스 델 보쉬(Jaime Milans del Bosch) 장군은 탱크를 출동시켰으며, 알폰소 아르마다(Alfonso Armada)와 같은 국왕의 측근 장군들 또한 이를 지지했다.

따라서 독재로의 회귀와 민주화의 갈림길에서 스페인 사회의 운명은 국왕의 말 한 마디에 달려 있었고, 모든 스페인 국민들은 숨을 죽이며 긴박하고도 긴 하룻밤을 보냈던 것이다. 다음날 새벽 국왕은 군 최고사령관 복장으로 TV 앞에 나타나 국민의 뜻에 반하는 어떠한 반민주적 처사도 용납하지 않겠노라고 선언하며, 지역 사령관들에게는 자신의 지시 없이는 절대로 병력을 이동시키지 말 것을 명령한다. 1969년 극우 독재자 프랑코에 의해 후계자로 지명되었지만, 국왕은 민주화에 대한 국민들의 열망을 받아들였던 것이었다. 국왕의 담화를 계기로, 쿠데타가 성공하지 못하리라는 것을 깨달은 안또니오 떼헤로 중령은 의사당 내에 억류하고 있던 의원들을 석방하고 투항한다. 이것이 1981년 2월 23일 스페인 마드리드에서 일어났던 쿠데타 기도 사건의 전모이다.

구문 설명

전치사 para와 por의 용법

일반적으로 전치사 para는 목표나 목적, 종착/도착지, 비교, 이유등을 표현할 때 사용하며 이와 대별하여 다른 경우에서는 por를 사용한다.

1. 전치사 para의 사용

1) 목적

Los alumnos estudian en la biblioteca para el examen.
학생들은 시험을 위해 도서관에서 공부한다.

2) 방향

Juan y Pedro van para el centro.
후안과 뻬드로는 시내로 간다.

3) 종착지

Esta tarta es para ti.
이 케이크는 너를 위한 거야.

4) 비교

El actor juega muy bien al baloncesto para ser un aficionado.
그 배우는 동호인이지만 농구를 잘한다.

5) 시간의 한정

El gobierno debe modificar el presupuesto del próximo año para la próxima semana.
정부는 다음주까지 내년도 예산을 수정해야 한다.

6) 조건

Estoy listo para sustituir a ese jugador.
난 그 선수를 대신할 준비가 되어있다.

2. 전치사 por의 사용

1) 장소

Busqué mis gafas por toda la sala de espera.
나는 내 안경을 찾으려고 대기실 전체를 뒤졌다.

2) 통로

El viento entraba por la ventana abierta.
바람이 열린 창문으로 들어오곤 했다.

3) 위치

Por la calle Insadong hay muchas tiendas de artesanía.
인사동 거리에는 많은 공예품 가게가 있다.

4) 기간

Mi famila se quedó en Caracas por seis meses.
우리 가족은 6개월간 카라카스에 머물렀다.

5) 교환

El desguace me dio veinte euros por mi coche siniestrado.
폐차장에서 나에게 내 망가진 찻값으로 20 유로를 주었다.

6) 대체

La señora cambió la chaqueta por un pantalón.
그 부인은 자켓을 바지로 바꿨다.

7) 원인

No pudimos continuar el partido por la lluvia.
우리는 비 때문에 경기를 계속할 수없게 되었다.

8) 도량

Estas mandarinas están a diez mil wones por kilo.
이 귤은 1킬로그램 당 만 원이다.

9) 시간

Mis padres estarán en casa por la tarde.
우리 부모님께서는 오후에 집에 계실 것이다.

10) 곱셈

Dos por cuatro son ocho.
2 곱하기 4는 8이다.

11) 방법

Se entregan los ladrillos por carretilla elevadora.
벽돌들이 지게차로 운반된다.

12) 행위자

Este documento fue redactado por el director de la venta.
이 서류는 판매과장에 의해 작성되었다.

13) quedar 동사와 함께

Los abuelos van a quedarse por un rato más.
조부모님은 잠시 더 머무르실 것이다.

14) 성향

Mi hija tiene mucho cariño por los animales.
우리 딸은 동물들에 대한 애정이 많다.

Lección 12 El almirante Yi Sun Shin

El almirante Yi Sun Shin es uno de los hombres más respetados en Corea. Fue el almirante de las Fuerzas Navales de Chosun en 1591. En aquel tiempo el rey y la Corte no prestaban atención a la defensa nacional por causa de las querellas políticas. Pero el almirante Yi previó la invasión de Japón y fortaleció la defensa marítima. En 1592 Japón invadió Chosun. Los ejércitos de Chosun fueron derrotados en varias batallas y, por tanto, el país estaba a punto de derrumbarse. Pero el almirante Yi ganó las batallas en el mar. Los ejércitos japoneses no podían avanzar más por falta de aprovisionamiento de armas y alimentos. En las batallas, el almirante utilizó buques blindados en forma de tortuga, "Geobukseon". Estos son los primeros navíos de guerra con casco de hierro del mundo. Además del desarrollo de nuevas armas, el almirante Yi creó una nueva táctica muy especial, llamada "Hakikjin". Es la formación recurrente con la finalidad de rodear al enemigo en forma de alas de grulla. Con esta táctica sumergió 59 barcos japoneses en el Mar de Hansando. Esta gran batalla se considera comparable con las de Salamina, Trafalgar y Calé.

이순신 장군

Pero el almirante Yi perdió el mando del ejército por calumnias de

enemigos políticos. Durante su ausencia la flota naval de Chosun fue casi totalmente destruida y el país cayó de nuevo en un grave peligro. La Corte no tenía otra opción más que reponerlo en su antiguo puesto. Para él no quedaron más que doce barcos. Sin embargo, no se quejó de nada ni se decepcionó ante esa desastrosa realidad. Con esta pobre flota logró una milagrosa y brillante victoria frente a más de 130 barcos japoneses. Fue una gran victoria, incomparable en la historia del mundo. En 1598 el almirante Yi libró su última batalla con las tropas japonesas que se retiraban. Esta vez también alcanzó una gran victoria, pero lamentablemente murió en la batalla. Sacrificó su propia vida para salvar al país. Por esta razón la mayoría de los coreanos lo consideran un verdadero héroe nacional.

이순신 장군

이순신 장군은 한국에서 가장 존경받는 인물들 중 하나로, 1591년 조선 해군의 제독이 되었다. 당시 왕과 조정은 당쟁으로 인해 국방에는 신경을 쓰지 않고 있었다. 그러나 장군은 일본의 침략을 예견했고 해군 방어력을 강화했다. 1592년 일본은 조선을 침략했다. 조선군은 많은 전투에서 패했고, 그로 인해 나라는 멸망하기 일보 직전이었다. 그러나 해전에서는 이순신 장군이 승리를 거두었다. 일본군은 무기 및 식량 공급 부족으로 인해 더 이상 진격할 수 없었다. 장군은 전투에서 '거북선'이라는 거북 모양의 장갑선들을 이용했다. 이 장갑선들은 세계 최초의 전투용 철갑선이다. 새로운 무기 개발 이외에도, 장군은 '학익진'이라는 매우 독특한 전술을 창안했다. 이는 적을 포위하기 위해 학의 날개 모양으로 펼치는 진형이다. 이 전술로 한산도 앞바다에서 59척의 일본 군함을 침몰시켰다. 이 대첩은 살라미나, 트라팔가르, 칼레 해전과 비견되는 것으르 평가된다.

그러나 장군은 정적들의 모함으로 군 지휘권을 상실한다. 그가 없는 사이 조선의 해군은 거의 괴멸되었고 나라가 다시 심각한 위기에 처하게 되자, 조정은 어쩔 수 없이 그를 옛 직위에 복귀시킨다. 그에게는 겨우 12척의 배만 남아 있었다. 그러나 장군은 아무 것도 불평하지 않았고 그 참담한 현실 앞에서 좌절하지도 않았다. 장군은 보잘 것 없는 함대를 이끌고 130척이 넘는 일본 함대를 맞아 기적적이고도 눈부신 승리를 거두었다. 세계사에서 그 어느 전투와도 비교할 수 없는 위대한 승리였다. 1598년 장군은 퇴각하는 일본군과 최후의 일전을 벌였다. 이번에도 큰 승리를 거두었으나, 장군은 유감스럽게도 전투 중에 전사했다. 나라를 구하기 위해 자신의 목숨을 희생한 것이었다. 이러한 이유로 대부분의 한국 사람들은 장군을 진정한 국가적 영웅으로 여기고 있다.

배경 설명

세계 4대 해전

살라미나(Salamina) 해전

세계사에서는 흔히 원어 그대로 '살라미스(Salamis) 해전'으로 더 잘 알려져 있다. 기원전 480년 그리스 남부의 본토와 살라미스 섬 사이에 위치한 좁은 만에서 페르시아 함대와 아테네-스파르타 연합함대 간에 벌어진 전투이다. 페르시아의 크세르크세스(Xerxes) 왕은 그리스를 굴복시키기 위해 대군을 이끌고 공격한다. 이에 그리스 측에서는 아테네를 중심으로 연합군을 조직하고, 육상 전력의 열세를 만회하기 위해 해전을 계획한다. 함대 규모는 페르시아 측이 750여 척, 그리스 측이 380여 척이었다고 한다. 그리스 측은 수적으로 우세한 페르시아 군을 격파하기 위해 좁은 해협으로 유인하는 전법을 썼다. 이에 기동력에서 제한을 받은 페르시아 함대는 대패한다. 이 전투를 계기로 페르시아에 대한 그리스 측의 우위가 확인된다. 승리의 주요 원인으로는 지리적 이점을 잘 활용한 것과 마라톤 전투 이후 또 다시 대규모 전쟁이 벌어질 것을 예상하고 대비했던 테미스토클레스라는 유능한 지도자의 역할을 들 수 있다.

칼레(Calé) 해전

1588년 '무적함대(Armada Invencible)'라 불리던 스페인 해군과 영국 해군 간에 벌어진 전투이다. 당시의 스페인 국왕 펠리페 2세는 스페인과 전쟁을 벌이고 있는 네덜란드를 영국이 배후 지원하는 것을 차단하고자 했다. 이때 가톨릭 교도였던 스코틀랜드의 여왕인 메리를 엘리자베스 여왕이 처형하자 스페인은 이를 명분으로 함대를 출동시킨다. 그러나 함대는 준비 부족과 사령관의 자질 부족으로 지체하다가 영국과 프랑스 사이의 해협에서 드레이크가 이끄는 영국 해군의 습격을 받는다. 거기에다 폭풍우까지 만난 함대는 제대로 된 전투 한 번 치러보지 못하고 표류하고 만다. 당시 영국의 함선은 200여 척, 스페인의 함선은 130여 척이었다고 한다. 해전의 결과 스페인은 대서양에서의 주도권을 상실했고, 반대로 영국은 해양국가로 발전하게 된다.

한산도 해전

임진왜란 개전 이래 일본군은 연이어 이순신 장군에게 패해 작전에 차질이 빚어지자 115척의 주력 함대를 동원해 총공세로 나왔다. 1592년 음력 7월 8일 전라좌수사 이순신은 적선 73척이 견내량에 머물고 있다는 정보를 받고 전라우수사 이억기, 경상우수사 원균과 합류해 견내량으로 나갔다. 그러나 지세가 좁고 해류가 빨라 조선 해군에 불리하고 여차하면 일본군이 육지로 도망칠 수도 있으므로, 짐짓 도망치는 듯 후퇴하여 적을 한산도 앞 넓은 바다로 이끌어냈다. 유인작전이 성공하자 뱃머리를 돌려 그 유명한 '학익진'을 펼쳐 적을 에워싸고 화포공격을 퍼부었다. 일본 함대는 59척이 침몰하거나 나포되었고, 후방에 있던 14척만이 겨우 도망칠 수 있었다. 이로써 조선 해군은 결정적으로 남해의 제해권을 장악해 일본 해군의 서해를 통한 북상 계획을 무산시키고 육로로의 보급을 차단했다. 지상전에서나 쓰던 포위섬멸 전법을 해전에 응용한 전술 운용 능력과 조선 해군의 기동력이 돋보이며 지리적 이점을 최대한 살린 명 해전으로 평가 받는다.

트라팔가(Trafalgar) 해전

유럽이 나폴레옹 전쟁으로 한창이던 1803년 넬슨 제독이 이끄는 56척의 영국 함대와 67척의 프랑스-스페인 연합 함대가 까디스 앞바다에서 벌인 전투이다. 넬슨의 뛰어난 함대 운용과 결단력으로 연합 함대를 격파하고 사령관인 피에르 비유뇌브(Pierre Villeneuve) 제독을 포로로 잡았다. 그러나 전투 중 넬슨은 총탄에 맞아 사망했다. 이 해전은 나폴레옹 전쟁의 향방에 큰 영향을 미쳤으며 전술적으로도 높은 평가를 받는다.

구문 설명

La Corte no tenía otra opción más que reponerlo en su antiguo puesto.

'~할 수밖에 없다'라는 의미의 구문이다. más que는 '~이외에는'이라는 의미로 사용되어 본문에서는 '그를 옛 직위에 복귀시키는 것 이외에는 다른 선택의 여지가 없었다'로 표현하는 내용이다. 이러한 'no ~ más que' 구문은 실생활에서 많이 응용할 수 있는 구문이므로 잘 익혀두어야 한다.

No tuvimos otro remedio más que volver a casa.
우리는 집으로 돌아오는 것 이외에 다른 방법이 없었다.

Los enemigos no tuvieron otra opción más que rendirse.
적들은 항복하는 것 이외에 다른 선택의 여지가 없었다.

Para él no quedaron más que doce barcos.

quedar동사는 자동사로 '~상태에 있다', '(결과로서) 남다'라는 뜻이다.

La casa quedó vacía.
집은 텅 빈 채로 남겨졌다.

El taxi quedó libre.
택시는 빈 차가 되었다.

Ellos quedaron atónitos.
그들은 멍해졌다.

그러나 '(생물 주어가) ~에 있다, 남다'는 표현은 재귀대명사 se와 함께 쓴다.

La mujer se quedó en casa.
여자는 집에 머물렀다.

Quédese con la vuelta.
거스름돈은 가지세요.

Sin embargo, no se quejó de nada ni se decepcionó ante esa desastrosa realidad.

동사 quejarse는 언제나 재귀대명사 se와 함께 쓰인다. 이러한 동사를 '대명동사'라고 부른다. 이들은 대부분 특정 전치사를 동반하므로 함께 익혀두어야 한다. quejarse de 이외의 대표적인 대명동사들로는 atreverse a (감히 ~을 하다), arrepentirse de (~을 후회하다), jactarse de (~을 자랑하다, 으스대다) 등이 있다.

No me atrevo a comprar este coche.
나는 감히 이 차를 사지 않겠다.

El ladrón se arrepintió de su conducta.
도둑은 자신의 행위를 후회했다.

Ella se jactaba de su linaje.
그녀는 자신의 혈통을 으스댔다.

한편 대명동사 dignarse + inf. (~해 주시다)는 부정사를 직접 취한다.

El presidente se dignó recibirme cordialmente.
대통령께서는 나를 진심으로 환대해 주셨다.

ni는 y의 부정어이다. 주로 no, nunca, jamás 등의 부정 구문에서 부정어가 겹치는 것을 피하기 위해 쓰인다. 부정의 대상이 되는 목적어가 둘 이상인 경우에는 앞의 ni를 생략하기도 하고, 쓰기도 한다.

No tengo tiempo ni dinero.
나는 시간도 없고 돈도 없다.

No tomaré ni café ni té.
나는 커피도 차도 마시지 않겠다.

문두에 'No'가 이미 나타난 구문의 경우, 한 번 더 부정어 ni가 쓰인다고 해서 긍정이 되는 것이 아니라 오히려 의미적으로 부정이 강조된다.

No quiero ni oírlo.
나는 그것을 듣고싶지조차 않다.

No 없이 문두에서 쓰여 부정문을 이끈다.

Ni de día ni de noche descansa.
그는 낮이든 밤이든 쉬지 않는다.

회화체 문장에서 동사 앞에서 관용적으로 쓰여 상대방의 말에 대해 거절이나 부인을 할 경우 쓰인다.

Ni hablar.
말도 안 돼.

Por esta razón la mayoría de los coreanos lo consideran un verdadero héroe nacional.

la mayoría de ~, la mayor parte de ~, la mitad de ~, el gran número de ~ 등의 구문은 뒤에 복수 개념의 명사가 출현한다. 따라서 동사와의 수를 일치시키는데 문제가 발생하기도 한다. 엄격하게 보면, 주어는 la mayoría, la mitad, el gran número 등처럼 형식상으로는 단수이기 때문에 동사도 단수를 취해야 한다. 그러나 많은 경우, 의미가 복수이므로 동사도 복수를 취하는 경우가 있다. 이에 관해 스페인 왕립학술원에서는 동사를 복수로 써도 틀리는 것은 아니지만, 단수로 쓸 것을 권하고 있다.

La mayoría de los jóvenes posee su propio ordenador portátil.
대부분의 젊은이들은 자기 자신의 노트북을 갖고 있다.

그러나 동사가 보어만을 취하는 경우에는 복수를 권한다.

La mayor parte de los estudiantes son españoles.
학생들 대부분은 스페인 사람이다.

Lección 13 Platero y yo

Juan Ramón Jiménez

I. Platero

Platero es pequeño, peludo, suave; tan blando por fuera, que se diría todo de algodón, que no lleva huesos. Sólo los espejos de azabache de sus ojos son duros cual dos escarabajos de cristal negro.

Lo dejo suelto, y se va al prado, y acaricia tibiamente con su hocico, rozándolas apenas, las florecillas rosas, celestes y gualdas... Lo llamo dulcemente: "¿Platero?" y viene a mí con un trotecillo alegre que parece que se ríe en no sé qué cascabeleo ideal...

Come cuanto le doy. Le gustan las naranjas, mandarinas, las uvas moscateles, todas de ámbar, los higos morados, con su cristalina gotita de miel...

Es tierno y mimoso igual que un niño, que una niña...; pero fuerte y seco por dentro, como de piedra. Cuando paseo sobre él, los domingos, por las últimas callejas del pueblo, los hombres del campo, vestidos de limpio y despaciosos, se quedan mirándolo:

— Tiene acero...

Tiene acero. Acero y plata de luna, al mismo tiempo.

IV. Mariposas blancas

La noche cae, brumosa ya y morada. Vagas claridades malvas y verdes perduran tras la torre de la iglesia. El camino sube, lleno de sombras, de campanillas, de fragancia de hierba, de canciones, de cansancio y de anhelo.

De pronto, un hombre oscuro, con una gorra y un pincho, roja un instante la cara fea por la luz del cigarro, baja a nosotros de una casucha miserable, perdida entre sacas de carbón. Platero se amedrenta.

— ¿Ba argo?

— Vea usted... Mariposas blancas...

El hombre quiere clavar su pincho de hierro en el seroncillo, y no lo evito. Abro la alforja y él no ve nada. Y el alimento ideal pasa, libre y cándido, sin pagar su tributo a los Consumos...

쁠라떼로와 나

후안 라몬 히메네스

I. 쁠라떼로

쁠라떼로는 자그마하니 털북숭이에, 감촉이 보드랍습니다. 거죽이 너무나 보드라운 나머지 온통 솜으로 되어있고, 뼈라고는 없다고 할지도 모르지요. 딱딱한 거라고는 오직 흑수정으로 된 두 마리 딱정벌레 마냥 두 눈에 검게 빛나는 옥구슬 뿐.

내가 자기를 풀어놓을라치면 풀밭으로 가, 슬그머니 주둥이로 닿을락 말락, 장밋빛, 연푸른색, 노란색 작은 꽃송이들을 어루만집니다. 내가 "쁠라떼로?" 하고 다정하게 부르면 어느 꿈속에서 들어본 방울소리인지 알 수 없는 그런 웃음소리처럼 또각또각 즐거운 발걸음으로 내게 다가옵니다.

내가 주는 거라면 다 먹지요. 오렌지와 감귤, 온통 호박 빛깔인 사향포도와 유리알 모양의 꿀방울을 머금은 자줏빛 무화과 열매를 좋아합니다.

사내아이처럼, 아니 계집아이처럼 다정하고 어리광을 부리지요. 하지만, 속은 돌덩이처럼 단단하고 순수하기 그지없습니다. 일요일, 쁠라떼로에 올라타고 마을 끝 골목 어귀를 지날 때면, 깔끔하게 차려입은 농부들이 느릿한 걸음을 멈추고 쁠라떼로를 바라봅니다.

— 기운이 넘치겄구마는……

기운이 넘치지요. 강철 같은 힘과 은빛 달님의 부드러움이 한데 모여 있는 걸요.

IV. 하얀 나비들

벌써 안개 자욱한 보랏빛 밤이 내려앉습니다. 연자줏빛 감도는 녹색의 희미한 광채가 교회 종탑 뒤로 물러나 있습니다. 그림자들과 종소리, 풀 향기, 노랫소리, 피로와 갈망으로 가득한 길은 어느새 오르막이 됩니다. 별안간 어둑어둑한 곳에서 담뱃불 때문에 못난 얼굴이 순간 벌겋게 보이는, 모자를 쓴 남자가 쇠꼬챙이를 들고 나옵니다. 그는 석탄자루 속에서 뒹군 듯 남루한 집에서 나와 우리에게로 내려옵니다. 쁠라떼로는 깜짝 놀란 모양입니다.

— 뭐가 있나?

— 보시지요. 하얀 나비들밖에는......

남자는 쇠꼬챙이로 광주리를 찔러보려고 하고 나도 말리지는 않습니다. 어깨에 둘러맨 바랑을 열어 보이지만 그에게 보이는 건 아무것도 없지요. 이렇게 해서 내 꿈의 양식은 세금도 내지 않고 무사통과입니다.

(성초림 역, 『쁠라떼로와 나』, 지만지)

작가 및 작품 해설

후안라몬 히메네스

후안 라몬 히메네스(1881-1958)는 안달루시아의 시골 마을인 모게르(Moguer)에서 태어났다. 그는 어려서부터 스페인과 프랑스의 고전 작품과 그림에 흥미를 갖게 되었으며 시인으로서의 자질도 일찍 나타내었다. 1900년 마드리드로 와서 당대의 유명한 문인들과 많은 교류를 맺었지만 문인으로서 큰 성공을 거두지 못한 채 고향으로 돌아갔고, 아버지의 죽음으로 심한 정신적 충격을 받기도 했다.

1916년 뉴욕에서 세노비아 깜쁘루비(Zenobia Camprubí)와 결혼했고 그녀 덕분에 히메네스는 평생을 오로지 시 작업에만 전념할 수 있었다. 감정이 매우 섬세하고 자유를 존중하여 정치적 또는 사회적 행사와 모임에 참가하는 것을 매우 꺼려했다. 내전이 터지자 결국 그는 스페인을 떠나야했고 라틴아메리카 여러 나라를 전전하다가 1951년 뿌에르또리꼬에 정착하였다. 1956년 그는 노벨문학상을 수상하였는데, 3일 뒤에 그의 문학과 인생에 가장 큰 영향을 미친 그의 아내가 눈을 감고 말았다. 그 후 2년 뒤인 1958년에 히메네스도 세상을 떠났다.

초기 히메네스의 시 세계는 감각적인 아름다움을 추구했던 모더니즘적 경향이 두드러진다. 1916년 『갓 결혼한 시인의 일기 Diario de un poeta recién casado』를 발표한 후부터 1936년 내전까지는 모든 장식과 수사에서 벗어나 근본적이고 영원한 아름다움을 추구하는 순수시의 시기로, 시인은 이를 '지적인 시'의 단계로 정의한다. 이후, 내전으로 인해 라틴아메리카로 이주하여 사망할 때까지인 '진정한 시'의 시기에는 단순하고 정화된 언어로 영원을 향한 형이상학적인 열망을 표현한다. 그는 자신의 내면세계를 점점 더 깊이 들여다보며 이를 표현하기 위해 완벽한 아름다움과 가장 본질적인 언어표현을 찾는 일에 몰두했다. 그는 시를 통해 아름다움과 진리를 추구하였고 모더니즘이 쇠퇴하던 때에 새로운 시적 표현의 가능성을 보여주었다. 이는 스페인 현대시의 새로운 길을 개척한 것이기도 하다.

『쁠라떼로와 나』(1917)는 그의 작품 중에서 가장 유명하고 대중적 인기를 얻은 작품으로 총 138장으로 이루어져 있다. 서정성이 강한 산문형식의 시로서 '쁠라떼로'라는 은빛 당나귀가 모게르 마을에서 마을 사람들과 벌이는 이야기를 노래하고 있다. 쁠라떼로는 작가가 유년시절 고향에서 경험했던 총괄적인 요소를 상징하는 것으로 작가의 은밀한 내면의 감정과 추억을 표현하기 위한 매개체이기도 하다. 쁠라떼로를 통해 작가는 주변의 현실에 다가가고 있으며, 이를 통해 자신의 고유한 내면세계와 자신을 둘러싼 외부세계를 이야기하고 있다. 또한 단순한 사물에 대한 작가의 서정적인 감수성과 애정도 엿볼 수 있다.

Notas

Lección 14 Las fallas de Valencia y la fiesta de fuego de Corea

En Valencia, el 15 de cada marzo se celebra una fiesta llamada las Fallas, la cual es una celebración de fama mundial. Se exponen las fallas, grandes o pequeñas, en las plazas y se queman al mismo tiempo en la noche del 19, la víspera del día de San José. Los orígenes de esta fiesta son realmente sencillos, una simple quema de desechos de los talleres de carpintería. San José es el patrón de los carpinteros, por eso en el día de este santo se queman las fallas.

En Corea también existe una fiesta de fuego, pero muy distinta a las Fallas. En Corea es más que una fiesta; es una costumbre muy tradicional y se celebra en todos los rincones de la nación. El día 15 de enero del calendario lunar muchas personas queman hierbas secas o montones de paja en el campo, y le rezan a la luna para que se cumplan sus deseos, porque es el primer día de la luna llena del año y creen que es el día del comienzo de la agricultura.

La razón por la cual las personas queman las hierbas del campo es para aniquilar las raíces de las hierbas y los insectos perjudiciales para la agricultura. Esa noche se permite que los niños también se diviertan con el fuego. Cada uno prepara una lata con una cuerda y la rellena con desechos de madera. Luego la enciende y la gira en círculo. Ver esos aros de fuego desde lejos es un espectáculo maravilloso. En las ciudades no se hacen estas quemas porque es peligroso. Por eso las personas de las ciudades solo suben a la montaña para ver la luna un poco más de cerca y allí le ruegan por la salud de su familia.

Ese día se come arroz con cinco cereales: arroz glutinoso, mijo, sorgo,

파야스

judía y frijol. La explicación es que comiendo todos estos cereales juntos se puede suministrar la nutrición que hubiera podido faltar durante el invierno. Además ese día las personas suelen romper cáscaras de nuez porque creen que el crujido de estas cáscaras hace alejar a los malos espíritus.

Por medio de la práctica de estas costumbres tradicionales los coreanos se divierten y se preparan para recibir a la primavera sanos y llenos de optimismo, al igual que los españoles lo hacen por medio de las Fallas. Sin lugar a dudas, esta es una costumbre muy valiosa de los antepasados de los coreanos que han tratado de divertirse y de mantener una buena salud al mismo tiempo.

발렌시아의 라스 파야스 축제와 한국의 불놀이 축제

발렌시아에서는 매년 3월 15일 라스 파야스라 불리는 축제가 열리는데, 이는 세계적인 명성을 지닌 축제이다. 광장들에 크고 작은 파야 인형들이 전시되며, 성 요셉 축일 전야인 19일 밤에 동시에 불태운다. 이 축제의 기원은 매우 단순한데, 목공소에서 나무 부스러기들을 태운 것에서 비롯되었다. 요셉 성인은 목수들의 수호성인이므로, 이 성인의 날에 파야 인형들을 태우는 것이다.

한국에도 불놀이 축제가 있는데, 라스 파야스와는 매우 다른 모습이다. 한국의 축제는 매우 전통적인 관습이며, 전국 어느 곳에서나 다 열리는 축제 이상의 의미를 지닌다. 음력 정월 대보름날 많은 사람들은 들판에서 마른 잡초나 짚단을 태우면서 달에게 소원을 빈다. 1년 중 첫 번째 보름날이고 농사가 시작되는 날이라고 생각하기 때문이다.

사람들이 들판의 잡초를 태우는 이유는 농사에 해가 되는 잡초의 뿌리와 곤충들을 없애기 위해서이다. 그 날 밤에는 어린 아이들도 불을 갖고 노는 것이 허용된다. 각자 줄이 달린 깡통을 준비해 나무 부스러기를 가득 채우고 깡통에 불을 붙이고 원 모양으로 돌린다. 멀리서 불이 그리는 원들을 보면 장관이다. 도시에서는 위험하기 때문에 이러한 행위는 하지 않는다. 따라서 도시 사람들은 달을 조금이라도 더 가까이 보기 위해 산에 올라가 달님에게 가족들의 건강을 기원한다.

그 날은 오곡, 즉 찹쌀·기장·수수·콩·팥을 넣은 밥을 먹는다. 이 잡곡밥을 먹는 이유는, 잡곡들을 모두 함께 먹음으로써, 겨울 동안 부족해졌을 수 있는 영양분을 공급할 수 있기 때문이다. 게다가 그 날에는 호두 껍질을 깨곤 하는데 그 소리가 나쁜 기운을 물러가게 한다고 믿기 때문이다.

스페인 사람들이 라스 파야스를 통해 그러하듯이, 한국 사람들은 이러한 전통적 관습들을 실행함으로써 즐겁게 놀면서 건강하고 밝은 봄을 맞을 준비를 하는 것이다. 이는 의심할 여지없이 재미있게 놀면서 동시에 건강을 유지하려 애써온 한국인들이 만든 소중한 관습인 것이다.

구문 설명

... se queman al mismo tiempo en la noche del 19 ...

본문에서 quemar는 수동형으로 사용되어 '태워진다'라는 의미로 사용되었다. 이러한 의미 외에도 동사 quemar는 아래와 같이 다양한 의미로 사용된다.

Hoy se me ha quemado la paella.
오늘 난 빠에야를 태워버렸다.

Este año la helada ha quemado la cosecha de arroz.
올해 냉해가 쌀 수확에 피해를 주었다.

El vodka me quema la garganta.
보드카 때문에 목이 타는것 같다.

Ese borracho ha quemado toda la herencia en un mes.
그 취객은 한 달 만에 모든 유산을 탕진했다.

El sol le ha quemado la piel.
그는 햇볕에 피부화상을 입었다.

Esta cola de espera me quema.
이 대기줄은 나를 참기 힘들게 한다.

Me he quemado con la plancha.
나는 다리미에 디었다.

Oye, cuidado, la sopa quema.
야, 조심해, 스프 뜨거워.

한편, al mismo tiempo는 '동시에'라는 의미로 사용되는 부사구로 'a un tiempo'나 'simultáneamente', 'con simultaneidad', 'a la vez' 등과 바꾸어 쓸 수 있다.

En Corea también existe una fiesta de fuego, pero muy distinta a las Fallas.

형용사 distinto는 '~와(과) 같이 않은'의 의미를 갖는다. 비교나 대조의 의미를 갖는 구조에서 쓰이며 비교대상이 이 형용사의 뒤에 명사로 나타나는 경우 본문의 경우에서처럼 전치사 a를 동반하기도 하고 de를 동반하기도 한다.

Este móvil es muy distinto de aquel.
이 휴대전화는 저것과는 매우 다르다.

Tú eres tan distinto a mí.
너는 나랑 너무 다르다.

물론 두 비교대상이 모두 주어로 나타날 수도 있다.

- Este móvil y aquel son muy distintos.
- Tú y yo somos tan distintos.

한편 다음과 같은 문장의 경우 전치사 대신 접속사 que를 사용해야 한다.

- Es distinto beber cerveza que vino. (O)
- Es distinto beber cerveza a/de vino. (X)
- Me siento distinta llevando falda que pantalón. (O)
- Me siento distinta llevando falda a pantalón. (X)

왜냐하면 위와 같은 문장은 외관상 비교대상이 명사인 것으로 느껴지지만 실질적으로는 아래의 예시문이 보여주는 것처럼 문장의 기능을 갖는 동사구의 비교구문에서 동사가 생략된 구조이므로 반드시 접속사를 사용해야 한다.

- Es distinto beber cerveza que [beber] vino.
- Me siento distinta llevando falda que [llevando] pantalón.

... porque creen que el crujido de estas cáscaras hace alejar a los malos espíritus.

crujido는 본문에서 호두껍질을 깨는 소리, 즉 한국어로 '오도독'과 같은 소리가 나는 경우를 묘사하고자 사용한 표현이다. crujido는 또한 옷감이 서로 부딪힐 때 혹은 빵을 자를 때와 같이 '바스락'과 같이 나는 소리를 묘사하기도 한다. 한편 '휘익'처럼 동물을 부르는 소리를 내거나, 장작이 불에서 탈 때 나는 소음 또는 채찍을 공중에서 휘두를 때 나는 소리 등은 chasquido로 표현하기도 한다.

De repente escuché el crujido de las escaleras. Alguien bajaba.
갑자기 계단이 삐그덕거리는 소리를 듣게 되었다. 누군가가 내려오고 있었다.

Me encanta el crujido de las hojas secas en otoño.
나는 가을에 낙엽이 바스락거리는 소리를 좋아해.

Se oyen los chasquidos de la leña al quemarse en la chimenea.
벽난로에서 장작이 타는 소리가 들린다.

Recuerdo que de niño me daba miedo el chasquido del látigo.
난 어릴 적에 채찍소리를 무서워했던 것을 기억한다.

Lección 15 Sueño imposible

Soñar, lo imposible soñar
Vencer, al invicto rival
Sufrir, el dolor insufrible
Morir, por un noble ideal

Saber enmendar el error
Amar con pureza y bondad
Creer en un sueño imposible
Con fe una estrella alcanzar

Ese es mi afán
Lo he de lograr
No importa el esfuerzo
No importa el lugar
Saldré a combatir
Y mi lema será
Defender la virtud aunque deba el infierno pisar

Porque sé que si logro ser fiel
A tan noble ideal
Dormirá mi alma en paz al llegar el instante final

Soñar, lo imposible soñar
Vencer, al invicto rival
Sufrir, el dolor insufrible
Morir, por un noble ideal

Saber enmendar el error
Amar con pureza y bondad
Creer en un sueño imposible
Con fe una estrella alcanzar

Luchar por un mundo mejor
Perseguir lo mejor que hay en ti
Llegar adonde nadie ha llegado
Y soñar, lo imposible soñar.

(Del musical "El hombre de la Mancha")

이룰 수 없는 꿈

나는 꿈꾸리라, 이룰 수 없는 꿈을
나는 이기리라, 무적의 원수일지라도
나는 견디리라, 감당할 수 없는 고통조차도
그렇게 이 한 몸 던지리라, 고귀한 이상을 위해

나는 바로 잡으리라, 세상의 불의를
나는 사랑하리라, 순수하고 부드러운 마음으로
나는 믿으리라, 이룰 수 없는 꿈을
그리고 신념을 갖고 나아가리라, 저 별을 향하여!

이것은 나의 갈망이요
이루어야 할 소망이라오.
치러야 할 대가가 무엇이든
그곳이 비록 지옥일지라도
정의를 지키는 것이 내 삶의 목표이기에
나는 싸우러 가겠소.

내가 이 고귀한 이상을
진실로 따라가면
죽음이 다가올 때
평화롭게 눈을 감을 수 있으리라.

나는 꿈꾸리라, 이룰 수 없는 꿈을
나는 이기리라, 무적의 원수일지라도
나는 견디리라, 감당할 수 없는 고통조차도
그렇게 이 한 몸 던지리라, 고귀한 이상을 위해

나는 바로 잡으리라, 세상의 불의를
나는 사랑하리라, 순수하고 부드러운 마음으로
나는 믿으리라, 이룰 수 없는 꿈을
그리고 신념을 갖고 나아가리라, 저 별을 향하여!

나는 싸우리라, 보다 나은 세상을 위해
나는 찾으리라, 당신 속의 고귀한 그 무엇을
나는 가리라, 아무도 가지 않은 그곳으로
그리고 꿈꾸리라, 그 이룰 수 없는 꿈을!

(뮤지컬 『맨 오브 라 만차』 중에서)

배경 설명

『맨 오브 라 만차』는 1965년 뉴욕에서 초연된 이후, 현재까지 반세기 동안 전 세계인들의 사랑을 받아 온 브로드웨이 뮤지컬의 명작이다. 원작 『돈끼호떼』는 이미 발레·영화·연극·오페라 등 여러 장르로 재구성되었지만, 데일 와서맨(Dale Wasserman)은 기존 작품들과는 다른 돈끼호떼를 만들기 원했다. 그는 세르반떼스를 작품의 화자로 설정하고, 감옥 안에서 죄수들에게 자신이 쓴 소설 『돈끼호떼』를 극중극 형식으로 들려주는 방법으로 뮤지컬을 구성했다.

『맨 오브 라 만차』에서 빼놓을 수 없는 것이 바로 음악이다. 그 동안 출시된 음반만 해도 독일, 네덜란드 등 세계 각국에서 열여덟 종류나 될 정도이다. 그 가운데 '이룰 수 없는 꿈 *The Impossible Dream*'은 불후의 명곡이다. 이 곡은 '왜 이런 미친 짓을 하고 있냐'는 알돈사의 비난성 질문에 답하는 돈끼호떼의 노래로, 극중에서 돈끼호떼뿐만 아니라 여러 사람들을 통해 불려진다.

이 곡은 공연 후 미국 현지에서 선풍적인 인기를 끌어 1960년대에는 많은 발라드 가수들에 의해 녹음되었고, 이후 성악가 쁠라시도 도밍고를 비롯하여, 엘비스 프레슬리, 앤디 윌리엄즈, 페리 코모 등 세계적인 아티스트들에 의해 불려졌다. 또한 1996년에 발표된 영화 『업 클로즈 앤 퍼스널 *Up Close & Personal*』에서도 삽입되어 미셸 파이퍼가 미식 축구장에서 큰소리로 이 곡을 부르는 장면은 많은 이들의 기억 속에 남아 있다. 작곡가 미치 리(Mitch Leigh)는 이 음악으로 1973년 작곡가의 영예인 현대 클래식 상을 받았다.

Lección 16 Chuseok

Con el sentido literal de la expresión 'noche de otoño', Chuseok es una de las festividades tradicionales más importantes en Corea. Se celebra el día 15 de agosto según el calendario lunar. Este día coincide con la luna en su fase más llena y clara del año y con la época en que todo está listo para cosechar.

En este festivo, la mayoría de los coreanos regresan al pueblo natal para dar gracias a sus antepasados con las cosechas recogidas, y para compartir la abundancia con la familia y amigos. A causa de esta movilización masiva, las principales carreteras y autopistas experimentan atascos tremendos. Por tanto, una persona tarda más de 12 horas de Seúl a Busan, trayecto que normalmente se puede completar en 4 horas y media en un día ordinario.

Una de las costumbres más importantes de este festivo es rendir homenaje a los espíritus de los antepasados. Una gran parte de los coreanos madruga para celebrar el ritual llamado Charye. Para este culto preparan un buen licor y la comida con los productos cosechados más frescos del año, especialmente el songpyeon, una tarta tradicional hecha de arroz con relleno dulce. Toda esta comida se les ofrece a los espíritus de los antepasados para que sean ellos los primeros en probar las primeras cosechas del año. Después de esto las personas visitan las tumbas de los antepasados para limpiarlas y para ofrecerles de nuevo el licor y la comida hecha con los productos

씨름

recién cosechados. Después del culto, todos los familiares se reúnen para compartir y disfrutar de la comida.

En Chuseok se celebra una competición tradicional llamada Sireum, un tipo de lucha coreana. Muchos luchadores participan en esta competición. Al ganador se le da un toro como premio. Este es el espectáculo más famoso de Chuseok. Para todos los coreanos Chuseok es la época del año que representa abundancia y generosidad.

추석

문자 그대로 하면 '가을 밤'을 뜻하는 추석은 한국에서 가장 중요한 전통 명절 중 하나로, 음력 8월 15일에 쇤다. 이 날은 일 년 중에서 달이 가장 둥글고 밝으며 시기적으로 수확기와 일치한다.

대부분의 한국 사람들은 이 명절에 고향으로 돌아가 추수한 곡식으로 조상에게 감사를 표현하고 친지들과 함께 수확의 풍요로움을 나눈다. 민족대이동으로 인해 주요 고속도로는 교통체증에 시달리는데, 서울에서 부산까지 보통 네 시간 반이 걸리지만, 이 기간에는 12시간 이상 소요된다.

추석 때 가장 중요한 풍속들 중 하나는 조상에게 제사를 지내는 것이다. 대부분의 한국 사람들은 '차례'라 불리는 제사를 지내기 위해 새벽에 일어난다. 그 해에 거둔 신선한 곡식들로 좋은 술과 음식을 준비하는데, 특별히 속에 단 것이 들어간 전통 떡인 송편도 그중 하나이다. 조상의 혼령들이 그 해 첫 번째 추수한 곡식들을 처음으로 맛보도록 이 모든 음식을 준비한다. 그런 다음, 조상들의 산소에 찾아가 성묘를 하고 햇곡식들로 만든 술과 음식을 다시 조상들께 올린다. 성묘 후 모든 가족들은 음식을 즐겁게 나누어 먹는다.

추석에는 한국식 레슬링이라 할 수 있는 민속경기인 씨름 대회가 열린다. 많은 선수들이 경기에 참가하고, 우승자는 상으로 황소를 받는다. 이것은 추석 때 가장 유명한 볼거리이다. 모든 한국 사람들에게 추석은 풍요와 넉넉함을 상징하는 명절이다.

구문 설명

추석과 관련된 일부 표현들

El "Chuseok" es también conocido como "Hangawi" y significa el punto medio de agosto según el calendario lunar. "Han" significa 'grande' y "Gawi", 'medio', es decir, es un día grande en medio del mes de agosto.
추석은 한가위로도 알려져 있으며 음력 8월의 한 가운데의 일자를 의미한다. "한"은 "크다"는 의미이며 "가위"는 '가운데'를 위미하는 것으로 8월 중 제일 큰 날인 것이다.

En Corea hay un dicho "Que no sea ni más ni menos, sino que sea igual que Hangawi."
한국에는 "더도 말고 덜도 말고 한가위만 같아라."라는 말도 있다.

Después del Charye suelen visitar las tumbas de los antepasados, lo que se conoce como Seonmyo. Y en esta ocasión se realiza Beolcho que las cuidan cortando las malas hierbas.
차례 이후 선조들의 무덤을 방문하곤 하는데 이를 성묘라고 한다. 이러한 기회에 무덤의 잡초를 제거하면서 관리하는 벌초라는 것이 행해진다.

Es porque desde hace tiempo los coreanos consideran malos a los hijo que dejan crecer las hierbas en las tumbas de sus antepasados.
왜냐하면 오래전부터 한국인들은 조상의 무덤이 풀이 자라도록 내버려두는 그 후손들을 나쁘게 생각한다.

Notas

Lección 17 ¿Cómo se hacen el kimpab y el bibimpab?

El kimpab es un tipo de comida muy popular en Corea. 'Kim' significa 'alga' en coreano y 'pab' significa 'arroz cocido'. Para hacer este kimpab se necesita alga seca, arroz cocido, nabo salado, jamón york, huevo frito, verduras como zanahoria y pepino, aceite de sésamo y ajonjolí. En algunos casos puede llevar atún o carne vacuna.

Primeramente se extiende el alga seca dejándola como base del kimpab. Sobre el alga seca se extiende una capa de arroz cocido. Sobre el arroz, en uno de los extremos, se colocan tiras largas de zanahoria, pepino, nabo salado, jamón york, huevo frito y atún. Se enrolla con cuidado el alga seca de forma tal que todos los ingredientes queden envueltos en ella. Después se le pone una capa de aceite de sésamo al alga y se decora con ajonjolí. Por último se corta en rebanadas de un centímetro y medio. Es muy fácil de hacer y de portar. Por eso es conveniente para los que están ocupados por el trabajo o para los que quieren ir de picnic. Aunque parece que es una comida muy sencilla, es buena para la salud porque contiene varios ingredientes nutritivos.

El bibimpab es uno de los platos más típicos de Corea. Como 'Bibim' significa en coreano 'mezcla,' 'bibimpab' quiere decir 'arroz mezclado con varios ingredientes.' Los ingredientes principales, además del arroz cocido, son helecho, raíces de las campanuláceas, brotes de soja, berenjena, cebolla, espinaca, zanahoria, lechuga, etc. Pero según el gusto se puede añadir carne de vaca y otras verduras. Todos estos ingredientes se cocinan, primero, en la sartén y luego se mezclan con la pasta de chile, salsa picante muy típica del país, y el aceite de sésamo. En todos los casos se decora con huevo frito. El bibimpab más famoso entre todos es el de Chunju. Tiene fama mundial por

sus ingredientes finos y exquisitos y, en particular, por su salsa picante extraordinaria.

비빔밥

Hay otra manera de gozar del sabor del bibimpab: probarlo en un tazón de piedra caliente. La forma de cocinarlo es igual que la de Chunju. La única diferencia es el plato. Con el tazón de piedra caliente se puede gozar del sabor sin que se enfríen los ingredientes hasta el último bocado.

김밥과 비빔밥

김밥은 한국에서 매우 대중화된 음식이다. 김은 한국어로 '김(alga)'이며, 밥은 '밥(arroz cocido)'이다. 김밥을 만들려면 마른 김, 밥, 단무지, 햄, 계란 프라이, 당근과 오이와 같은 채소, 참기름, 깨 등이 필요하다. 기호에 따라 참치나 소고기를 넣을 수 있다.
우선 마른 김을 펼쳐 놓고, 그 위에 한 층의 밥을 넓게 펼친다. 밥 위에 당근, 오이, 단무지, 무, 햄, 계란, 참치를 길게 잘라 가지런히 놓는다. 모든 재료들이 김 안에 들어가도록 김을 조심스럽게 만다. 그러고 나서 김에다 참기름을 발라 덧입혀주고 깨로 장식을 한다. 마지막으로 1.5 센티미터 크기로 썰어낸다. 김밥은 만들기가 매우 쉽고 가지고 다니기에도 편리하여, 업무로 바쁘거나 야유회 가는 사람들이 즐겨 찾는다. 김밥은 비록 매우 단순한 음식 같아 보여도 영양가 있는 다양한 재료들 때문에 건강에 좋은 음식이다.
비빔밥은 한국의 가장 전형적인 음식들 중 하나이다. '비빔'은 한국어로 '섞음(mezcla)'을 뜻하므로, '비빔밥'은 '여러 내용물을 섞은 밥(arroz mezclado con varios ingredientes)'을 의미한다. 밥 이외에 기본적인 재료는 고사리, 도라지, 콩나물, 가지, 양파, 시금치, 당근, 상추 등이다. 기호에 따라 소고기나 다른 야채들을 첨가할 수도 있다. 우선 이 모든 재료들을 프라이팬에다 익힌 후, 한국의 전통 소스인 매운 고추장과 참기름과 함께 섞는다. 마지막으로 계란 프라이를 밥 위에 올려놓는다. 모든 종류의 비빔밥들 가운데 가장 유명한 것은 전주비빔밥인데, 훌륭하고 맛깔스런 재료들과 특히 특유의 매운 소스로 인해 세계적인 명성을 얻고 있다.
비빔밥을 즐기는 또 다른 방법은 돌로 된 뜨거운 그릇에 담아 먹는 것이다. 만드는 방법은 전주비빔밥과 동일하지만 유일한 차이점은 그릇에 있다. 돌로 된 뜨거운 그릇 덕분에 마지막 한 입까지 재료들의 따뜻한 맛을 즐길 수 있다.

조리도구 관련 용어

- abrelatas 깡통따개
- aceitera 오일병
- afilador 칼가는 기구
- cascanueces 호두까개
- colador 건지기 채망
- corta rodajas 채칼
- cuchara 숟가락
- cucharón 국자
- cuchillo chuletero 스테이크용 칼
- cuchillo cocinero 조리용 칼
- escurreplatos 식기건조대
- espátula cuchara 볶음 스푼
- espumadera 전 뒤집게
- exprimidor 또는 exprimelimoines 레몬 짜개
- martillo de carne 고기망치
- mortero con maceta 절구와 절굿공이
- olla 냄비
- olla a presión 압력솥
- pala cortaqueso 치즈커터
- palillos 젓가락
- parrilla 석쇠
- pelador 감자칼
- pinzas 집게
- pinzas tijera 가위형 집게
- rallador 채칼
- sartén 후라이팬
- soporte jamonero 하몬 보관용 거치대

Lección 18 El palacio Changdeok

Este es el palacio de Changdeok. Changdeok, que significa 'la prosperidad de la virtud', es uno de los cinco grandes palacios de la dinastía Chosun. Fue establecido por primera vez en 1405 como residencia principal para los miembros de la familia real. En 1592 fue reconstruido después de haberse quemado en un incendio. El palacio está dividido en tres grandes espacios: la corte, la residencia y el jardín.

La primera foto es de la corte, espacio para la política. Estos edificios son construcciones representativas de la belleza arquitectónica de Corea. Las líneas del techo, rectas en algunos casos y suavemente cursivas en otros, se parecen a la silueta del Hanbok, la ropa tradicional de las mujeres coreanas. Esto significa que la belleza de la mujer coreana está reflejada en los edificios. La forma de las puntas del techo que ascienden hacia el cielo suavemente y de una manera no pronunciada, simboliza el respeto hacia el poder divino que el cielo representa y, al mismo tiempo, la consideración piadosa hacia los hombres que se encuentran en la tierra. Asimismo, la moderada altura de las columnas no hace alarde del poder real, lo cual a su

vez hace sentir más cómodos a los visitantes y al mismo tiempo respeta la superioridad del poder divino.

La segunda foto es del jardín del palacio. Se llama Biwon y significa 'jardín secreto'. Este jardín servía para el descanso y el recreo de la familia real. Una de las características más importantes de este jardín es que fue construido en armonía total con la naturaleza sin imponer nada sobre ella. En este jardín se ha minimizado la deformación del ambiente natural para la construcción de los edificios. Por tanto, los edificios se han ajustado a dicho ambiente para formar parte de la naturaleza sin alterarla. Los hombres también armonizan, sin darse cuenta, con la naturaleza, llegando a ser parte de ella. Los reyes querían construir este tipo de jardín donde todos los seres vivos pudieran convivir en armonía. A través de este pequeño edén, ellos querían manifestar su filosofía política de que 'el hombre es celestial'. Esta ideología política no es otra cosa que la idea del respeto a los seres humanos.

Este palacio de Changdeok fue declarado Patrimonio de la Humanidad por la UNESCO en 1997 por su asombroso paisaje y por la conservación perfecta de todos los elementos del arte tradicional de la arquitectura coreana.

창덕궁

창덕궁(昌德宮)의 전경이다. '덕이 창성하다'라는 의미의 이 궁은 조선 왕조의 5대 왕궁들 중 하나이다. 1405년 왕실 가족들을 위한 주 침전으로 처음 건설되었다가, 화재로 소실된 후 1592년 재건되었다. 이 궁은 세 개의 커다란 공간, 즉 정전·침전·정원으로 나뉘어 있다.

첫 번째 사진은 정치를 위한 공간인 정전의 모습이다. 이 건물들은 한국의 건축미를 대표하는 건축물들이다. 때로는 곧고 때로는 부드럽게 굴곡진 지붕의 선은 한국 여인들의 전통 의복인 한복의 실루엣을 닮았다. 이는 한국 여인들의 아름다움이 건축에 반영된 것이다. 하늘을 향해 너무 모나지 않게 부드럽게 치켜 올라간 처마 끝의 모양은 하늘에 대한 존경심과 땅에 사는 인간들에 대한 자비심을 상징하고 있다. 한편 기둥들의 절제된 높이는 왕권을 자랑하지 않으며, 방문자들에게 편안함을 주는 동시에 하늘을 존중한다는 뜻을 담고있다.

두 번째 사진은 왕궁 정원의 모습이다. '비밀의 정원'이라는 뜻으로 '비원'이라고도 불리는데, 왕가의 휴식과 여흥을 위해 사용되었다. 이 정원의 가장 중요한 특징들 가운데 하나는 자연과 완벽한 조화를 이루어 건설되었다는 것이다. 이 정원에서는 건물 건축을 위한 자연 환경의 훼손이 최소화되었다. 건물들은 자연을 바꾸지 않으면서 자연의 일부분으로 동화되었다. 인간들 또한 저절로 자연과 동화되어 그 일부분이 된다. 국왕들은 모든 생명체들이 조화롭게 살 수 있는 이러한 형태의 정원을 건설하고 싶어 했다. 그들은 이 작은 이상향을 통해 '인간이 곧 하늘이다'라는 자신들의 정치 철학을 드러내 보이고 싶어했고, 이러한 정치사상은 바로 인간 존중의 사상이었던 것이다. 왕궁은 그 풍광이 놀랍도록 아름답고 한국 전통 건축미의 모든 요소들을 완벽하게 보존하고 있음으로 해서 1997년 유네스코 세계문화유산으로 등록되었다.

Notas

Lección 19

El crecimiento de los matrimonios internacionales en Corea

En la sociedad coreana están aumentando los matrimonios internacionales entre solterones campesinos y surasiáticas como filipinas, vietnamitas, tailandesas, y otras más. Dichas uniones ocupan más del 10% de todas las bodas realizadas en el país hoy en día. La razón principal por la cual los solterones campesinos no pueden casarse con coreanas es muy sencilla: ellas no quieren casarse con los campesinos pobres ni quieren vivir en el campo, porque la calidad de vida en el campo es peor que en la ciudad.

Los matrimonios internacionales causan varios problemas sociales. Las esposas extranjeras experimentan mucha dificultad para adaptarse a la sociedad coreana. Ellas no hablan coreano ni conocen casi nada de la vida coreana. En Corea no tienen amigos. No hay nadie con quien puedan hablar de sus dificultades o problemas. Con los maridos también ocurren problemas por no comunicarse bien y por la diferencia de modo de vivir y de pensar.

Sus niños también sufren problemas. Entre muchos el mayor problema es la discriminación e indiferencia en la calle. Se sienten acomplejados por las burlas que reciben por su diferente color de piel o por su apariencia diferente.

Por otro lado, está aumentando el divorcio por la insatisfacción de la vida matrimonial. Esto causa directamente una dificultad económica de estas mujeres y, por tanto, implica la posibilidad de que ellas trabajen en lugares ilegales o peligrosos.

Para que este tipo de matrimonio no cause más efectos negativos, hay que tomar medidas necesarias para ayudarlas. Ante todo, además de enseñarles el idioma, hay que ofrecerles varias oportunidades de preparación para que se adapten a la sociedad coreana. En vez de rechazarlas hay que aceptarlas de corazón como vecinas. Hay que reconocer que sus niños también son

coreanos como cualquiera. Algún día ellos pagarán impuestos, cumplirán el deber de servicio militar y viajarán con pasaporte coreano. Es necesario que los coreanos reconozcan y acepten que viven en una sociedad de mucha diversidad, para así mirar con afecto e integrar a la nación a estas mujeres.

한국 사회와 국제결혼의 증가

한국 사회에서 농촌의 노총각들과 필리핀, 베트남, 태국 등의 남아시아 여성들 간의 국제결혼이 증가하여 오늘날 한국에서 성사되어지는 모든 혼인의 10% 이상을 차지하고 있다. 농촌 총각들이 한국 여성들과 결혼할 수 없는 이유는 간단하다. 한국 여성들이 가난한 농부들과 결혼하는 것을 원하지 않으며 농촌에서의 삶의 질이 도시보다 낮기 때문에 농촌에서 살려고 하지 않기 때문이다.

국제결혼은 다양한 사회적 문제를 야기하고 있으며 외국인 아내들은 한국 사회에 적응하기 위해 많은 어려움을 겪고 있다. 그들은 한국어를 할 줄 모르고 한국 생활에 대해 거의 무지하다. 또한 자신들이 갖는 어려움이나 문제들에 대해 이야기를 나눌 수 있는 사람도 없으며, 남편들과도 의사소통이 잘 안되고 상이한 생활과 사고방식 때문에 많은 문제들이 발생하고 있다.

이러한 혼인으로 생긴 자식들도 문제를 겪게 되는데, 가장 심각한 것은 거리에서의 차별과 무관심이다. 그들은 피부색 또는 외모의 차이로 인해 받게 되는 조롱으로 열등감을 갖게 된다.

다른 한 편, 결혼생활의 불만족으로 인해 이혼이 증가하고 있는데, 이것은 이주민 여성들의 경제적 어려움을 직접적으로 야기하고, 그들로 하여금 불법적이거나 위험한 장소에서 일하도록 내모는 원인이 되고 있다.

이러한 종류의 결혼이 더 이상의 부정적 결과를 야기하지 않도록 하기 위해서는 그들을 도울 대책들을 마련해야 한다. 무엇보다도 먼저, 그들에게 한국어를 가르치고 한국 사회에 적응할 수 있도록 다양한 기회를 제공해야 한다. 그들을 배척하는 대신 진심으로 이웃으로 받아들여야 하며, 그들의 자식들도 여느 사람들처럼 한국인으로 인정해야 한다. 언젠가는 그들도 세금을 내고, 국방의 의무를 수행할 것이며 대한민국의 여권으로 여행도 할 것이다. 그들을 애정 있게 바라보고 한국 사회에 통합시키기 위해서는 한국인들이 많은 다양성을 지닌 사회에 살고 있음을 인정하고 받아들일 필요가 있다.

구문 설명

... se sienten acomplejados por las burlas ...

『sentirse + adj.』는 '~하게 느끼다'라는 의미로 사용된다. 과거분사가 형용사적으로 사용되는 경우 역시 가능하다.

Me siento orgulloso de lo que hago.
나는 내가 하는 일에 대해 자부심을 느낀다.

Ninguno de nosotros tiene motivos para sentirse superior.
우리 중 그 어느 누구도 우월하다고 느낄 이유가 없다.

implica la posibilidad de que ellas trabajen en lugares ilegales o peligrosos.

명사나 형용사의 보어로 기능하는 절은 전치사 'de'의 사용이 의무적이다.

Juan está orgulloso de su padre.
Juan은 자신의 아버지에 대해 자랑스러워한다.

Juan está orgulloso de que su padre es abogado.
Juan은 자신의 아버지가 변호사인 것에 대해 자랑스러워한다.

단 아래의 예문처럼 관계절 내부의 동사와 함께 등장하는 전치사 'de'와 위의 'de que'와는 구분된다.

- El abogado de quien hablamos 우리가 말한 변호사
- El abogado del que hablamos
- El abogado de que hablamos (X)

Lección 20 Corea: pionera en técnicas de impresión

China presume de haber inventado el papel. Sin embargo, Corea puede presumir de haber sido el primer país en desarrollar procesos de impresión. Al respecto, se sabe que el libro impreso en planchas de madera más antiguo de la historia es de origen coreano. Dicha obra se trata de un libro budista sagrado de nombre Mugujeonggwangdaedaranigyung, el cual se calcula que fue impreso en el siglo VIII. Este fue hallado en el año 1966 en la pagoda Seokgatap del templo Bulguk-sa en Kyungju.

En Corea no solo se imprimió el primer texto con planchas de madera, sino que también el primero con tipos móviles metálicos, lo que sucedió en el siglo XIV. Esto se afirma al tener en cuenta que el Jikji, que es también un libro budista, fue impreso con tipos metálicos en el año 1377 en un templo llamado Heungdeok-sa localizado en Cheongju.

Muchos europeos tienen la creencia de que la primera imprenta de tipos metálicos de la historia fue desarrollada por el alemán Johannes Gutenberg. Asimismo, piensan que el primer libro impreso con esta técnica fue la Biblia y se sienten muy orgullosos de ello. Sin embargo, si se tiene en cuenta que dicho texto fue impreso por primera vez en 1450, se podrá concluir claramente que los coreanos fueron los primeros en desarrollar dicha técnica.

Lamentablemente, el Jikji no se encuentra estos días en la tierra donde fue creado. Un diplomático francés que estuvo en Corea a finales del siglo XIX, lo tomó y se lo llevó a su país. Es por eso que actualmente dicha obra se encuentra en la Biblioteca Nacional de París. A mediados del siglo XX, una investigadora coreana de nombre Park Byungsun, lo encontró en dicha biblioteca. Su sorpresa fue grande porque en la última página de dicho libro se pudo ver claramente que había sido impreso en tipos metálicos en julio

de 1377 en el templo Heungdeok-sa de Cheongju. Pero algunos europeos se resistían a reconocerlo. Sin embargo, gracias a los esfuerzos de la doctora Park, finalmente, en septiembre de 2001, la UNESCO lo reconoció como el primer libro impreso en tipos metálicos y lo declaró Patrimonio Documental de la Humanidad.

한국: 인쇄기술의 선구자

중국은 종이를 만들었다고 자랑하지만 한국은 출판 과정을 발전시킨 첫 장본인이라고 자랑할 수 있다. 이에 관해, 역사상 최고의 목판 인쇄본은 한국의 것이라고 알려져 있는데 그 작품은 무구정광대다라니경이라는 이름의 불교서적이다. 이 책은 8세기에 출판된 것으로 추정되며 1966년 경주 소재 사찰인 불국사의 석가탑에서 발견되었다.

한국에서는 첫 목판 인쇄 서적만이 출판된 것이 아니라 이동이 가능한 금속활자를 통한 출판도 14세기 이루어졌다. 이러한 내용은 불교서적인 직지가 청주 소재의 흥덕사라는 사찰에서 1377년 금속활자로 인쇄되었다는 사실을 고려할 때 확인된다.

많은 유럽인들은 역사상 최초의 금속활자본은 독일사람인 요하네스 구텐베르크에 의해 만들어졌다고 믿는다. 더욱이 이러한 기술로 만들어진 첫 서적이 성경이라고 생각하며 그에 대해 큰 자부심을 느낀다. 그러나 그 텍스트가 1450년 구텐베르크에 의해 처음으로 인쇄되었다고 생각한다면 명확하게도 금속활자인쇄술을 처음으로 개발한 이들은 한국인들이라는 결론이 명확하게 내려질 것이다.

안타깝게도 직지는 지금 직지가 만들어졌던 땅에 있지 않다. 19세기 말 한국에 체류했던 한 프랑스 외교관이 이를 취해 자국으로 반출했다. 그러한 이유로 현재 이 문헌은 파리 국립도서관에 있다. 20세기 중엽 박병선이라는 한 한국인 여성 연구자가 파리 도서관에서 직지를 발견했다. 그녀는 직지 마지막 페이지에 청주의 사찰 흥덕사에서 1377년 7월 금속활자로 인쇄되었다는 사실을 명확하게 보게 되자 매우 놀라게 되었다. 그러나 일부 유럽인들은 이를 인정하기를 꺼렸다. 그럼에도 불구하고 박병선 박사의 노력으로 결국 2001년 9월 유네스코는 직지를 세계 최초의 금속활자본으로 인정하고 세계기록유산으로 지정하였다.

배경 설명

직지(直指)는 1377년 7월 충청북도 청주에 있는 흥덕사에서 간행된 책으로 세계 최초의 금속활자 인쇄본이다. 책 마지막 장에 '1377년 7월 청주 흥덕사에서 금속활자로 인쇄했다'는 글자가 찍혀 있기 때문이다. 현재 전해지는 것은 하권뿐이며 1972년 파리에서 열린 '국제 도서박람회'에서 최초로 공개되었다. 서양에서는 독일의 구텐베르크가 1450년경에 간행한 성경을 최초의 금속활자 인쇄본이라고 주장하기도 하는데, 이는 <직지>보다 70년 이상 늦은 것이다.

<직지>란 본래 <백운화상초록불조직지심체요절(白雲和尙抄錄佛祖直指心體要節)>이라는 긴 이름의 책이다. 지은이는 백운 화상으로 1372년에 성불산 성불사에서 상, 하 두 권으로 저술했다. 부처와 고명한 승려들의 법문과 게송(偈頌) 중에서 귀감이 될 만한 내용을 선정해 엮은 책이다. 책의 핵심은 '직지심체'라는 말에 요약되어 있다고 한다. '사람이 마음을 곧게 가질 때 그 마음의 본성이 곧 부처의 마음임을 깨닫게 된다'라는 뜻이다. 따라서 책의 이름을 <직지심체요절>, <직지심체>, <직지> 등으로 줄여서 부르기도 한다. 스님이 입적한 후 1377년 그의 제자들이 청주의 흥덕사에서 '금속활자'로 이 책을 간행했다. 따라서 인쇄본 역시 상, 하 두 권으로 구성되어 있을 것으로 추정된다. 그런데 19세기 후반에 주한 프랑스 초대 공사로 부임한 콜랭 드 플랑시가 우리나라의 각종 고서 및 문화

재를 수집해 가는 과정에서 하권만 프랑스로 건너갔고, 현재는 프랑스 국립 도서관에 보관되어 있다. 따라서 뜻있는 많은 이들은 어딘가 있을 상권을 찾기 위해 노력하고 있다.

<직지>가 세상에 모습을 드러내고 가치를 인정받는 데는 박병선 박사(1928-2011)의 공이 절대적이었다. 그녀는 프랑스 국립도서관에서 연구원으로 일하던 중 이 책을 발견했다. 1972년 파리에서 열릴 '세계 도서박람회'에 출품할 책들을 고르던 중이었다고 한다. 유럽인들은 책의 마지막 장에 '1377년 7월 청주 흥덕사에서 금속활자로 인쇄했다'는 구절이 뚜렷하게 기록되어 있음에도 불구하고 자존심 상 이 책을 세계 최초의 금속활자본으로 쉽게 인정하려 들지 않았다. 박사의 끈질긴 연구와 각고의 노력 끝에 2001년 9월 드디어 <직지>는 세계기록유산으로 등록되었다.

그러나 <직지>가 최초의 금속 활자본은 아니다. 고려 후기의 문장가인 이규보(1168-1241)가 쓴 <동국이상국집>에 따르면, 1234년에 <상정고금예문(詳定古今禮文)> 전 50권이 왕명에 의해 금속 활자로 간행되었기 때문이다. 아쉬운 것은 기록만 전해질 뿐 활자는 물론 인쇄본도 전해지지 않는다는 점이다. <직지>만으로도 우리나라가 세계 최초로 금속활자를 만든 것은 틀림없는 사실이지만, 이 기록상으로 보면 구텐베르크보다 무려 200년이나 앞선 일이다. 이뿐만이 아니라 목판 인쇄 역시 세계 최초를 자랑한다. 이미 통일 신라 시대 때 <무구정광대다라니경>을 목판 인쇄술로 간행했기 때문이다. 이 책은 1966년 불국사 석가탑에서 발견되었는데, 이 절의 창건 연대로 따져보면 최소한 751년경에 인쇄되었을 것으로 추정된다고 한다.

이처럼 목판이든 금속이든 초기 인쇄술은 서양에서는 독일의 구텐베르크가 주도했고 동양에서는 중국과 우리나라가 경쟁을 했다. 그 중에서 세계적으로 가장 앞섰던 것은 단연 우리나라였다. 특히 기술과 예술, 학문의 최첨단 분야인 금속활자에 있어서는 <직지>로 인해 그 위상이 더욱 돋보이고 있다.

구문 설명

... fue impreso en el siglo VIII.

동사 imprimir는 규칙형 과거분사인 imprimido와 불규칙형인 impreso 두 가지의 과거분사형이 존재한다. 두 형태 중 불규칙형이 라틴아메리카에서 더 많이 사용되는 것으로 알려져 있는데 능동형이나 수동형에서 동일하게 사용이 가능하다. 특히 수식기능의 형용사적 용법에서는 라틴아메리카의 경우 불규칙형을 자주 접할 수 있다. imprimir와 같이 두 가지의 과거분사를 차이없이 사용하는 것으로 freir와 proveer도 있다.

Hemos imprimido veinte ejemplares.
우리는 20부를 인쇄했다.

Lo he impreso en hoja A4.
나는 그것을 A4지로 출력했다.

Nos hemos proveído de todo lo necesario.
우리는 필요한 모든 것을 준비했다.

Se han provisto de víveres abundantes.
충분히 비축식량을 준비했다.

Las patatas han de ser freídas diez minutos antes.
감자는 10분 전에 튀겨야 한다.

Nunca he frito un pollo.
나는 닭을 튀긴 적이 없다.

그러나 불규칙형 규칙형 과거분사 두 가지를 갖는 동사들인 despertar, elegir, fijar, insertar, limpiar, llenar, vaciar는 [ser+pp]와 같은 사건수동구문이나 [haber+pp]와 같은 완료시제구문에서 규칙형인 despertado, elegido, fijado, insertado, limpiado, llenado, vaciado 등이 사용되고 [estar+pp]와 같은 상태수동구문에서는 despierto, electo, fijo, inserto, limpio, lleno, vacío 등의 불규칙형태를 사용한다.

Los padres han despertado a su hijo.
부모님이 아들을 깨웠다.

Su hijo está despierto.
아들이 깨어있다.

El camarero ha llenado un vaso con agua.
웨이터가 컵을 물로 채웠다.

El vaso está lleno de agua.
컵이 물로 가득 차 있다.

Notas

Lección 21

Orillas del Duero

Orillas del Duero

Antonio Machado

¡Primavera soriana, primavera
humilde, como el sueño de un bendito,
de un pobre caminante que durmiera
de cansancio en un páramo infinito!

¡Campillo amarillento,
como tosco sayal de campesina,
pradera de velludo polvoriento
donde pace la escuálida merina!

¡Aquellos diminutos pegujales
de tierra dura y fría,
donde apuntan centenos y trigales
que el pan moreno nos darán un día!

Y otra vez roca y roca, pedregales desnudos y pelados serrijones,
la tierra de las águilas caudales,
malezas y jarales,
hierbas monteses, zarzas y cambrones.

¡tierra ingrata y fuerte, tierra mía!
¡Castilla, tus decrépitas ciudades!
¡La agria melancolía

que puebla tus sombrías soledades!

¡Castilla varonil, adusta tierra,
Castilla del desdén contra la suerte,
Castilla del dolor y de la guerra,
tierra inmortal, Castilla de la muerte!

Era una tarde, cuando el campo huía
del sol, y en el asombro del planeta,
como un globo morado aparecía
la hermosa luna, amada del poeta.

En el cárdeno cielo violeta
alguna clara estrella fulguraba.
El aire ensombrecido
oreaba mis sienes, y acercaba
el murmullo del agua hasta mi oído.
Entre cerros de plomo y de ceniza
manchados de roídos encinares,
y entre calvas roquedas de caliza,
iba a embestir los ocho tajamares
que surca de Castilla el yermo frío.

¡Oh Duero, tu agua corre
y correrá mientras las nieves blancas
de enero el sol de mayo

haga fluir por hoces y barrancas,
mientras tengan las sierras su turbante
de nieve y de tormenta,
y brille el olifante
del sol, tras de la nube cenicienta!
¿Y el viejo romancero
fue el sueño de un juglar junto a tu orilla?
¿Acaso como tú y por siempre, Duero,
irá corriendo hacia la mar Castilla?

두에로 강변

안또니오 마차도

소리아의 봄이여, 겸허한 봄이여,
축복받은 자의 꿈과 같구나!
끝없는 황무지에서 지쳐 잠든
가련한 나그네의 꿈과 같구나!

시골여인의 거친 옷과 같은
누런빛의 들판!
비쩍 마른 메리노양이 풀을 뜯는
먼지투성이의 부드러운 초원!

저 거칠고 차가운 대지의
작디작은 밭들!
그곳에서 언젠가 우리에게 갈색 빵을 제공할
보리와 밀들이 자라고 있네!

또 다시 바위와 바위,
헐벗은 자갈밭과 벌거숭이 민둥산
수많은 독수리
잡초들과 풀밭
산의 풀들, 가시나무와 쐐기풀.

오, 척박하고 강인한 나의 대지여!
까스띠야, 너의 노쇠한 도시들이여!
쓰디쓴 우수가
너의 음울한 고독을 자라게 하는구나!

작열하는 대지, 남자다운 까스띠야여!
운명을 경멸하는 까스띠야여!
고통과 전쟁의 까스띠야여!
불멸의 대지, 죽음의 까스띠야여!

어느 오후, 들판이 태양으로부터 도망치고
이 땅이 놀라워하는 사이,
시인이 사랑한, 검붉은 공 같은
아름다운 달이 떠올랐네.

짙은 보랏빛 하늘에
밝은 별이 빛났고,
어두워진 대기가 내 이마를 스치고
흐르는 물소리가
내 귓가에 다가왔다네.
갉아 먹힌 떡갈나무가 점점이 심겨진
잿빛의 언덕들과
석회암 투성이의 평지 사이로,
까스띠야의 차가운 황무지를 헤치며
시원(始原)의 강은
여덟 개의 교각을 때리며
흘러가고 있었다.

오, 두에로 강이여!
5월의 햇살이 1월의 흰 눈을
계곡과 벼랑으로 흘러내리게 하는 한,
뒤섞인 눈과 폭풍이
산맥들을 휘감는 동안,
그리고 회색 빛 구름 뒤에
상아 빛 태양이 비치는 내내,
너의 강물은 흐르고 또 흐르리라.

작가 및 작품해설

마차도

안또니오 마차도(Antonio Machado y Ruiz)는 1875년 세비야에서 태어났으며, 대표적인 '98세대' 시인들 중의 한 사람이다. 여덟 살이 되던 해에 마드리드로 이주, 이후 기존의 보수적 교육에 반대하여 설립된 '자유교육원(Institución Libre de Enseñanza)'에서 수학하며 지성적 자유의식과 깊은 윤리의식 및 국가에 대한 사명감을 소유하게 된다.

1907년 마차도는 프랑스어 교사로 소리아(Soria)에 가게 되는데, 그곳에서 16세의 레오노르(Leonor)를 만나 결혼하지만 3년 후 그의 아내는 폐결핵으로 사망하게 된다. 레오노르와 그녀를 만난 땅 소리아는 마차도의 삶에 지울 수 없는 흔적을 남기게 되고, 그의 시는 이들에 대한 깊은 애정을 노래하게 된다.

시인은 스페인 내전 때 공화국 정부를 지지했다가, 1939년 전쟁이 끝나갈 즈음 프랑스 남부의 작은 도시로 망명하여 그곳에서 죽는다.

그의 초기 시에는 후기 낭만주의와 상징주의에 뿌리를 둔 모더니즘적 경향이 나타난다. 이후 마차도는 감각적이면서 예술을 위한 예술을 지향하기보다 영혼의 문제를 깊이 다루게 되면서 모더니즘과는 다른 시 세계를 펼쳐 나갔다. 시간의 흐름이나 역사와 상관없이 사물, 인간, 세상의 본질을 통할하고 포착하고자 노력했으며, 소박하고 간결한 어휘로 인간성의 깊이와 열정을 표현했다.

'두에로의 강변'이 포함되어 있는 안또니오 마차도의 대표작 『까스띠야의 평원 *Campos de Castilla*』은 98세대의 다른 작가들처럼 스페인과 스페인 내부의 역사를 다룬 작품집이다. 1912년에 54편의 시를 엮어 출판되었던 이 시집은 단순히 조국 스페인의 풍경을 묘사한 것이 아니라, 스페인의 존재와 실체에 대해 접근하기 위한 시인의 고뇌가 녹아있는 작품이다. 황량한 까스띠야의 자연에 동화된 시인이 그곳에 사는 사람들의 운명을 간결한 시어로 노래하면서, 까스띠야의 과거 역사를 조명하고 암울한 현재와 미래에 대한 희망을 복합적으로 엮어가며 국가의 재건을 기원하였다.

Lección 22 El Tratado de Libre Comercio(TLC)

Un Tratado de Libre Comercio, mejor conocido como TLC por sus siglas, es un acuerdo bilateral o regional cuyo propósito es el de ampliar el mercado de bienes y servicios entre los países que lo firman. En dicho convenio, los Gobiernos de las naciones participantes se comprometen a eliminar o reducir sustancialmente los impuestos de importación con lo que se puede crear un libre comercio entre ellas. Eso es su objetivo primordial.

Entre otros fines del TLC podemos mencionar los siguientes: promover una competencia comercial justa, estrechar la cooperación entre los países, aumentar las oportunidades de inversión, proteger los derechos de propiedad intelectual y estimular la producción de las industrias competitivas de las naciones. De esta manera, mediante un TLC se puede tener un mejor acceso a los productos que se producen en el exterior. Además ofrece otras ventajas como: la generación de empleo en las industrias competitivas; el aumento de las exportaciones; la desaparición de monopolios y empresas ineficientes; la reducción de precios a los consumidores; la modernización del sector productivo nacional; y el establecimiento de nuevas empresas.

Sin embargo, este tipo de convenios tiene también su lado negativo, puesto que las empresas ineficientes de un país tienden a desaparecer, dado que sus productos no podrán competir con las exportaciones de compañías altamente competitivas a nivel internacional. No obstante, ha quedado demostrado económicamente que los beneficios de un TLC son mayores a los perjuicios que pudiera causar en una nación.

Corea ha sido uno de los países que más activamente ha firmado este tipo de acuerdos. Al respecto, hasta el 1° de enero de 2023, mantiene relaciones de

libre comercio con: Chile, Perú, Turquía, Singapur, India, Estados Unidos, la Unión Europea, la Asociación de Naciones del Sudeste Asiático, la Asociación Europea de Libre Cambio, Australia, Canadá, China, Colombia y los 5 países centroamericanos(Panamá, Costa Rica, Honduras, El Salvador, Nicaragua), etc. Se espera que estos convenios sean un propulsor del crecimiento económico coreano y que le ayuden a Corea a ampliar sus relaciones económicas con otros países, en particular con los de América Latina.

자유무역협정 (FTA)

약어인 TLC로도 더 잘 알려진 자유무역협정은 양자 혹은 지역 간의 협정으로 그 목적은 협정 서명국 간의 재화와 용역의 시장확대에 있다. 이 협정은 참가국의 각 정부들이 해당 국가 간의 자유무역을 이루어낼 수 있는 내용적인 측면을 통해 수입관세의 본질적인 제거 혹은 감축에 대한 쌍방 간의 협약이 그 주목적이다.

TLC의 여러 목적들 중에서 언급할 수 있는 부분은 공정한 무역경쟁 활성화, 국가 간의 협력강화, 투자기회증진, 지적 소유권 보호 및 각 국가의 경쟁력 있는 산업 생산의 촉진 등이다. 이러한 방식에 따라 TLC는 대외 생산품에 대한 접근을 용이하게 한다. 더욱이 경쟁력있는 산업의 고용창출, 수출 증대, 독점 및 부실기업 퇴출, 소비자가격 인하, 국가 생산부분의 현대화 및 신규회사 설립과 같은 기타 장점도 제공한다.

그럼에도 불구하고 이러한 협정은 또한 부정적인 측면도 존재하는데 그 이유는 부실기업들은 자사의 상품이 높은 국제적 수준의 기업 수출품과의 경쟁에서 불리하기 때문에 사라지는 경향이 있다. 그러나 TLC의 수혜폭이 한 국가에 끼칠 수 있는 폐해보다는 더 크다는 사실이 지금까지 경제적으로 드러났다.

한국은 이러한 유형의 협정에 매우 적극적으로 나서는 국가들 중 하나이다. 이와 관련하여, 한국은 2023년 1월 1일까지 칠레, 페루, 터키, 싱가포르, 인도, 미국, 유럽연합, 동남아시아국가연합, 유럽자유무역연합, 호주, 캐나다, 중국, 콜롬비아, 중미 5개국(파나마, 코스타리카, 온두라스, 엘살바도르, 니카라과) 등과 자유무역협정을 맺고 있다. 이 협정이 한국 경제의 성장동력이 되는 것과 함께 한국이 다른 국가들, 특히 라틴아메리카 국가들과의 경제관계 확대에 기여하기를 기대한다.

배경 설명

현재 세계 차원에서 국가 간에 이루어지는 교역을 통괄하는 체제는 1995년에 출범한 세계무역기구(WTO: World Trade Organization)이다. 관세 장벽 철폐를 통해 국가 간의 자유로운 교역을 증진시키고 회원국 간의 통상 분쟁을 조정, 해결하는 것을 주 임무로 하며, 서비스, 지적재산권, 환경문제 등 새로운 통상 문제를 논의 및 조정하는 최고 의결기구이다. 2023년 현재 164개국이 가입되어 있다. 이 WTO 체제는 모든 회원국들에게 최혜국 지위를 보장해주는 다자주의를 원칙으로 하고 있으므로 특정 강대국의 개방 압력이나 보복관세 부과 등과 같은 일방적인 횡포를 줄일 수 있으나, 기본적으로 교역의 국경 없는 무한경쟁을 추구하고 있기 때문에 경쟁력 없는 국내 산업은 타격을 받게 된다.

무역 장벽을 완화하거나 철폐하여 무역 자유화를 실현하기 위해 국가 간에 체결하는 자유무역협정은 그동안 유럽연합(EU)이나 북미자유무역협정(NAFTA), 동남아시아국가연합(ASEAN) 등과 같이 일정한 지역을 중심으로 이루어져 왔다. 그러나 WTO 체제가 출범하면서 이제는 지역 블록화를 넘어 전 세계적으로 개별 국가들 간, 또는 개별 국가와 블록 간에 무역 장벽 완화나 철폐를 위한 협정이 체결되고 있다. 이것이 FTA '자유무역협정'이다.

FTA란 영어 Free Trade Agreement의 약자로 스페인어로는

TLC (Tratado de Libre Comercio)라고 한다. 국가 간의 자유로운 교역을 촉진하기 위해 가능한 모든 무역 장벽을 제거하고자 하는 개별 협정이다. 따라서 이는 WTO 체제 내에서 국가 간 또는 특정 국가와 블럭(예: EU, NAFTA, ASEAN 등) 간에 체결되는 양자주의적 협정으로, 체결되는 협정마다 세부적인 내용은 다를 수 있다. 일반적으로 상호 관세 장벽의 완화 또는 철폐로 시장이 확대되고, 비교우위에 있는 상품의 수출과 투자가 촉진되며 동시에 무역 창출 효과를 거둘 수 있다는 점이 장점으로 꼽힌다. 그러나 반대로 협정 상대국에 비해 경쟁력이 낮은 산업이 몰락해 대규모 실업과 산업 구조의 불균형을 초래할 수 있고, 더 나아가서는 경제적 종속이 야기될 수도 있다는 점은 단점으로 지적된다. 국내에서 정책적으로 보호받던 산업들은 시장 개방을 통해 다국적 기업과 경쟁함으로써 국제 경쟁력을 키워 자생력을 높일 수도 있지만, 대부분 가격 경쟁력과 기술력, 유통망 등의 미비로 고사 위기를 맞게 된다. 또한 외국의 거대 자본이 국내에 직접 투자를 하게 되면 국내 산업의 진흥을 기대해 볼 수도 있으나, 이 또한 빈약한 자본력을 가진 많은 국가들은 자본과 기술력에서 종속을 당할 가능성이 높아진다. 소비자 입장에서는 외국의 물건이 관세 없이 들어오면 양질의 물건을 싼 가격에 구입할 수 있어서 좋지만, 국내의 해당 산업은 경쟁력을 잃고 도산을 하게 되므로 국가 입장에서는 생산자와 소비자, 국내 산업과 국제 무역체제 사이에서 최상의 균형점을 찾도록 노력해야 한다. 차츰 상품 교역 외에도 서비스, 교육, 지적재산권 등으로 협정의 대상 범위가 점점 넓어지고 있으며 환경문제도 중요성이 부각되고 있다. 한국이 최초로 맺은 FTA는 '대 칠레' 협정으로 2004년 4월 발효되었다. 그 뒤로 2006년 3월 '대 싱가포르', 2006년 9월 '대 EFTA', 2007년 6월 '대 ASEAN', 2010년

1월 '대 인도', 2011년 7월 '대 EU', 2011년 8월 '대 페루', 2012년 3월 '대 미국', 2013 5월 '대 터키' 협정이 발효되었다. 2023년 4월 현재 59개국과 21건의 협정을 체결해 발효 중이며, 다른 여러 나라들과도 협정을 체결해 발효를 앞두고 있거나 협정 체결을 논의 중이다. (참고자료: https://fta.go.kr/main/situation/kfta/ov/)

구문 설명

... cuyo propósito es el de ampliar el mercado de ...

cuyo는 관계형용사로 선행사의 성과 수를 따르지 않고 수식하는 명사의 성과 수에 일치를 보인다.

El toro cuyos cuernos son astifinos es peligroso.
그 뿔이 날카로운 소는 위험하다.

La persona cuyo vehíiculo ardió anoche soy yo.
어젯밤 불탄 자동차 주인은 나야.

En dicho convenio, ...

dicho는 앞 문맥에서 조금 전 언급한 내용을 지칭하는 기능을 한다.

E.H. Karr fue británico. Dicho historiador publicó '¿Qué es la historia?'.
E.H. Karr는 영국 사람이었다. 이 역사가는 '역사란 무엇인가?'를 저술했다.

Pablo Picasso es un artista de fama mundial. Dicho pintor nació en Málaga.
파블로 피카소는 세계적으로 유명한 예술가이다. 이 화가는 말라가에서 태어났다.

el crecimiento económico coreano

위의 명사구는 '한국의 경제 성장'이라는 의미로 '한국'를 의미하는 형용사가 '경제'를 의미하는 형용사의 뒤에 위치한다. 이와 같이 명사가 갖는 의미가 행해지는 대상은 그 명사와 가장 가까이 위치하지만 이와 달리 국가나 지역을 뒤미하는 형용사는 그 뒤에 위치한다.

- La producción vinícola riojana (O) 리오하의 와인 생산
- La producción riojana vinícola (X)

- La pesca ballenera japonesa (O) 일본의 고래잡이
- La pesca japonesa ballenera (X)

Notas

Lección 23 Mensaje del rey Juan Carlos ante el atentado en la estación de Atocha

(Palacio de la Zarzuela. Madrid, 11 de marzo de 2004)

La barbarie terrorista ha sumido hoy a España en el más profundo dolor, repulsa e indignación.

Hombres, mujeres y niños, ciudadanos libres de todas las edades y ocupaciones, incluso de otros países, que se acercaban a sus destinos, escuelas y trabajos, se han encontrado brutalmente confrontados con la muerte y el sufrimiento.

Un escenario de pesadilla se ha apoderado de todos los hogares españoles para mostrar la cara más cruel y asesina del terrorismo.

En estos trágicos momentos, quiero hacer llegar a las familias de las víctimas mi más profundo afecto y el de toda Mi Familia. Con todos querría fundirme en un abrazo cargado de consuelo y tristeza.

Siempre estaremos con vosotros, con todos aquellos que sufren las consecuencias de una locura macabra sin justificación posible. Estos repugnantes atentados sólo merecen la más enérgica y absoluta condena.

También me dirijo a los heridos y a sus familias, para expresarles nuestro calor, nuestra cercanía y nuestro deseo de pronta recuperación.

Vuestro Rey sufre con todos vosotros, comparte vuestra indignación, y confía en la fortaleza y eficacia del Estado de Derecho para que tan viles y cobardes asesinos caigan en manos de la Justicia, y cumplan en prisión todas las penas que los Tribunales les impongan. Habrán de dar cuenta de sus crímenes, de forma irremisible.

Los servicios públicos y los ciudadanos de Madrid, siempre generosos, se han crecido en la tragedia para mostrar su entrega solidaria, su esfuerzo y

colaboración.

Los Cuerpos y Fuerzas de Seguridad no cesan en su labor en defensa de nuestras libertades.

La España de buen corazón ha vibrado una vez más ofreciendo su ayuda material y apoyo moral.

A todos, nuestro agradecimiento más profundo.

El desaliento no está hecho para los españoles.

Somos un gran país, que ha demostrado con creces su capacidad para superar retos y dificultades. Un país que bien sabe que, frente a la sinrazón y la barbarie, sólo cabe la unidad, la firmeza y la serenidad.

Unidad, firmeza y serenidad en la lucha contra el terrorismo, con todos los instrumentos que nos proporciona el Estado de Derecho, redoblando nuestros esfuerzos conjuntos para terminar con esta lacra, contando con la acción policial, la labor de la justicia y la cooperación internacional.

Unidad, firmeza y serenidad por encima de las legítimas diferencias de opinión, en torno a la más firme voluntad de convivencia pacífica y democrática, que garantiza nuestra Constitución, expresión soberana del pueblo español.

En estas horas de inmenso dolor, los españoles estamos llamados, más que nunca, a reafirmar nuestra determinación de acabar con la violencia terrorista.

Que no haya duda. El terrorismo nunca conseguirá sus objetivos. No conseguirá doblegar nuestra fe en la democracia, ni nuestra confianza en el futuro de España.

아토차 역에서 발생한 테러 공격에 대한 후안 카를로스 국왕의 메시지

(2004년 3월 11일, 마드리드의 사르수엘라 궁에서)

테러의 야만스러움이 오늘 스페인을 가장 깊은 고통과 절망, 분노로 가라 앉혀버렸습니다.

외국인을 포함한 다양한 직업과 연령대의 남녀노소 시민들은 각자의 목적지, 학교, 직장으로 향하던 중, 잔인하게도 죽음과 고통에 직면하게 되었던 것입니다.

악몽의 장면은 테러리즘의 가장 잔인하고 적의에 찬 얼굴을 보여주기 위해 모든 스페인의 가정을 점령해 버렸습니다.

이 비극적인 순간에 희생자의 가족에게 본인과 왕가의 모든 가족의 깊은 애정이 전달되기를 바랍니다. 위로와 슬픔을 머금은 포옹 안에서 본인은 모두와 함께 하나가 되기를 희망합니다.

우리들은 항상 여러분들, 그리고 어떤 정당함도 있을 수 없는 음침한 광기의 결과를 고통스러워하는 모든 사람들과 함께 할 것입니다. 이런 혐오스런 테러 공격에는 단지 강력하고 절대적인 처벌만이 어울릴 것입니다.

또한 본인은 부상자들과 그들의 가족들에게 우리들의 격려와 친근함 그리고 조속한 회복에 대한 희망을 전하는 바입니다.

여러분의 왕은 여러분 모두와 함께 고통스러워하고, 여러분의 분노를 공유하며, 그토록 비열하고 비겁한 암살자들이 사법부의 손에 체포되어 법정이 그들에게 부과한 모든 형벌을 감옥에서 채우도록 하기 위한 법치국가의 힘과 효용성을 신뢰합니다. 그들의 범죄행위는 용서할 수 없는 방식으로 알려져야 할 것입니다.

비극적인 사태 속에서 공공 서비스와 관대한 마드리드의 시민들은 그들의 단결된 헌신과 노력과 협력을 보여주기 위해 함께 성장했습니다.

군과 치안 당국은 우리의 자유를 지키기 위한 노력을 멈추지 않습니다.

선한 마음을 가진 스페인은 물질적인 지원과 정신적인 지지를 제공하면서 한 번 더 마음을 움직였습니다.

모두에게 우리들의 심심한 감사의 말을 전합니다.

무기력은 스페인 사람들에게 어울리지 않습니다.

우리가 이룩한 나라는 위협과 난관을 극복하기 위한 능력을 그동안 수도 없이 보여주었던 위대한 나라입니다. 불의와 야만과 대항하기 위해서는 오직 단결과 굳건함과 침착함만이 있을 뿐임을 잘 알고 있는 나라입니다.

단결과 굳건함과 침착함은 법치 국가가 우리에게 제공해 주는 모든 도구를 가지고 테러에 대한 투쟁을 하기 위한 것입니다. 이 상처를 끝내기 위한 우리들의 일치된 노력을 배가해야 할 것이며, 아울러 경찰의 작전과 사법당국의 노력 그리고 국제적 공조를 기대합니다.

평화적이고 민주적인 공존에 대한 가장 굳건한 의지와 관련된 의견의 합법적인 차이를 초월하는 단결과 굳건함과 침착함은 스페인 국민의 자주적 표현이라 할 수 있는 우리의 헌법을 보장해줍니다.

이 크나큰 고통의 시간에 우리 스페인 사람들은 그 어느 때보다도 테러리스트들의 폭력을 끝장내겠다는 결정을 더욱 확고히 하라는 부름을 받고 있습니다.

의심의 여지가 없을 것입니다. 테러로는 어떠한 목적도 절대로 이룰 수 없을 것입니다. 민주주의에 대한 우리들의 믿음과 스페인의 미래에 대한 우리들의 신뢰를 굴복시키지 못할 것입니다.

배경 설명

2004년 3월 11일 일곱 시 삼십 분경 스페인 마드리드 시내 아토차(Atocha) 역으로 향하던 통근 열차와 인근 2개역에 정차 중인 열차 등 4개 열차에서 총 10건의 연쇄 폭탄테러가 발생, 200여명이 사망하고 1,500여명이 부상당하는 테러가 발생했다. 이 사건은 국제 테러조직 알카에다(Al-Qaeda)가 유럽에서 저지른 테러 중 가장 큰 규모이다. 알카에다는 폭발물을 숨긴 가방 10여개를 마드리드 시내 아토차 역에 갖다 놓은 다음, 휴대폰으로 원격 조종해서 폭발시켰던 것이다. 스페인 사람들은 이를 2001년 미국 뉴욕 9·11 테러에 빗대 '스페인 판 9·11' 혹은 '3·11 테러'라고 부른다.

2004년 당시 스페인은 보수당인 대중당(Partido Popular)의 호세 마리아 아스나르(José María Aznar)가 총리였는데, 그는 미국 편에 서서 이라크에 파병했다가 마드리드 테러라는 보복을 당한 것이다. 마드리드 테러는 9·11 이후 알카에다와 연계된 이슬람 극단주의 조직이 저지른 일련의 테러 연속선상에 있었다. 사건이 일어난 뒤 스페인 치안당국은 북아프리카와 중동 지역에서 온 이슬람 극단주의자들을 체포했으며, 28명의 테러 용의자들에게는 몇 년에 걸친 재판을 통해 총 수천 년의 징역형을 구형하였다. 그러나 28명 가운데 7명에게는 무죄가 선고되었다. 용의자들 중 수천 년의 징역형에 처해진 4명은 살인죄를 비롯하여 테러조직 가담 혐의 등이 적용되었으며, 나머지는 테러조직 가담 혐의만 인정되었다. 스페인 법정 최고형량은 40년이지만, 살인과 테러조직 가담 혐의자 4명에게는 상징적으로 수천 년에 이르는 형을 선고했다고 법원은 전했다.

마드리드 3·11과 뉴욕 9·11 같은 테러가 일어난 배경에는 이슬람 근본주의자들이 있다. 이들 이슬람 근본주의자들은 독재와 경제적 불평등으로 인해 좌절한 이슬람권 청년들을 아토차 역의 테러와 같은 무차별적 공격이라는 '종교적 광란'으로 향하게 했다. 서방 세계는 이들 종교적 광신주의자들이 창궐하게 된 배경과 그 원인에 대한 분석과 치유에 대해서는 무관심한 채, 대테러전만을 계속하고 있다. 오바마 미국 대통령이 그 간의 힘에 의한 논리 대신에 이슬람과 서방의 화해를 통해서 이 악순환의 고리를 끊으려고 시도하고 있지만, 이들을 종교적 광기라는 수렁에서 빠져 나오게 하는 것이 힘든 여정이라는 데는 의심의 여지가 없다. 이슬람 테러리즘 척결을 위한 노력의 일환으로 2008년 9월 마드리드에서 개최된 반테러 국제 정상회의에서 호세 루이스 로드리게스 사파테로(José Luis Rodríguez Zapatero) 스페인 총리는 유엔에 문명 간 동맹 회의체를 창설하자고 제안했다. 서방세계와 이슬람 국가 간의 원한과 불신을 없애고, 대테러 전쟁 종식을 위해 이 기구 안에서 서방과 이슬람 간의 갈등과 이슈를 전반적으로 논의하자는 스페인 식 처방을 제안한 것이다.

구문설명

Hombres, mujeres y niños, ciudadanos libres de todas las edades y ocupaciones, incluso de otros países, que se acercaban a sus destinos, escuelas y trabajos, se han encontrado brutalmente confrontados con la muerte y el sufrimiento.

일반적으로 주어는 관사를 사용하는 경우를 자주 접하지만 위 문장처럼 동사 앞에서 주어가 복수형으로 사용되는 경우는 관사 없이 사용이 가능하다. 또한 대조적으로 주어를 표현을 하거나 콤마를 사용하여 문장의 맨 왼쪽에 강조적으로 사용하는 경우에도 복수형 주어는 관사 없이 사용이 가능하다.

Estidiantes llegaron y no profesores.
학생들이 왔고 선생님들은 오지 않았다.

Visitantes, creo que no vienen.
방문객들은 내 생각에 오지 않는다.

La España de buen corazón ha vibrado una vez más ofreciendo su ayuda material y apoyo moral.

고유명사는 일반적으로 관사의 동반을 허용하지 않지만 위의 경우처럼 특정한 의미의 수식이 이루어지는 경우 고유명사는 관사를 동반한다.

La España medieval
중세의 스페인

Esta es la España que me gusta.
이것이 내가 좋아하는 스페인이다.

Esta mañana me he encontrado con una María muy rejuvenecida.
나는 오늘 아침에 매우 젊어진 마리아와 마주쳤다.

Notas

Lección 24 La fiebre del Hallyu en el mundo

El término Hallyu podría interpretarse en castellano como "el auge de la cultura popular surcoreana en el mundo", y cuya traducción común en dicho idioma es "Ola coreana". Con la llegada del siglo XXI, inició la expansión global de los contenidos culturales de Corea a lo largo y ancho del planeta. Este fenómeno comenzó en los países del Este de Asia, aprovechando la cercanía con Corea. China es la nación donde se origina el término Hallyu. Precisamente se registra por primera vez en un diario de este país llamado *The People's Daily* a finales del año 2000. Dicho término se deriva de dos caracteres chinos que se pronuncian 'han' y 'lyu', y que significan "Corea" y "flujo" respectivamente.

En términos más específicos, el Hallyu se explicaría como la difusión y aceptación transnacional de los productos de entretenimiento contemporáneos de exportación de origen coreano. Entre dichos productos encontramos básicamente cinco pilares: telenovelas, K-Pop, películas, dibujos animados y videojuegos; obviamente todos con la etiqueta: 'hecho en Corea'.

Entonces, todo el mundo podría preguntarse cómo es posible que el Hallyu haya llegado a ser tan popular en tan corto tiempo. Hay muchas razones que explican lo anterior. Primeramente, se debe reconocer que la rápida difusión de la Ola coreana ha sido, en gran medida, gracias al desarrollo y a la expansión del Internet. Un ejemplo claro de ello fue el video de Gangnam Style; el cual, a través de Youtube, pudo darse a conocer en todo el mundo en tan solo unos días. Aunado a lo anterior, está el hecho de que tanto los orientales como los occidentales adoran la originalidad artística de la cultura

coreana. Esto se percibe particularmente en las telenovelas y las películas, las cuales han ganado gran reputación a nivel mundial en muy poco tiempo. Además, los jóvenes del mundo han quedado encantados por el K-Pop debido a su excelente producción musical, sus magníficas coreografías y su gran variedad. Y en el caso de los dibujos animados y videojuegos, se puede decir que la alta tecnología y la gran creatividad de sus realizadores han sido la clave para su rápida expansión en el planeta.

Está claro que el éxito del Hallyu se debe principalmente al gran talento artístico del pueblo coreano. Hoy en día, el mundo entero lo reconoce y ha quedado fascinado por el mismo. Es por eso que cada vez más jóvenes se interesan en aprender el idioma y la cultura de Corea y entre sus sueños está el visitar Corea algún día.

세계의 한류 열기

한류라는 용어는 스페인어로 "세계 한국문화의 붐"으로 해석될 수 있는데 스페인어로 공통되게 할 수 있는 번역으로는 "한국의 물결"이다. 21세기의 도래와 함께 한국의 문화 컨텐츠는 세계 곳곳으로 확산되기 시작했다. 이 현상은 한국과의 거리가 가까운 점이 작용하면서 동아시아에서 시작되었다. 중국은 한류라는 용어가 태동하게 된 국가이다. 구체적으로 중국의 인민일보에 처음으로 등장하게 된 이 용어는 '한'과 '류'라고 발음이 되는 두 한자에서 파생되었는데 이 두 글자는 각각 "한국"과 "흐름"을 의미한다.

보다 구체적으로 언급하자면 한류라는 용어는 한국에서 만들어진 현대적 엔터테인먼트 수출 상품이 국가들을 초월하여 확산되고 받아들여지는 것으로 설명된다. 그러한 상품들 중 기본적으로 우리는 5개 주요 항목을 찾아볼 수 있다: 드라마, K-Pop, 영화, 만화영화와 비디오게임; 이는 모두 명확하게도 '한국산'이라는 상표를 달고 있다.

그렇다면 모든 사람들은 어떻게 한류가 그렇게 단시간에 아주 유명하게 되었는지를 질문할 것이다. 이에 대한 설명에는 여러 가지가 있겠다. 먼저 한류의 급속한 확산은 크게는 인터넷의 발전과 그 확산에 기인한다고 인정해야 할 것이다. 그에 대한 확실한 한 예로는 유튜브를 통한 강남스타일의 비디오가 단 며칠 만에 세상에 알려진 점을 들 수 있다. 이와 함께 관련지을 수 있는 사실은 동양 사람들 뿐만 아니라 서양 사람들도 한국 문화의 예술적 독창성을 동경한다는 점이다. 이는 특히 드라마와 영화가 매우 짧은 기간 동안 세계적인 수준으로 명성을 얻었다는 점에서 감지된다. 게다가, 전 세계의 젊은이들은 훌륭한 음악 프로듀싱과 안무 및 어마어마한 다양성 때문에 K-Pop에 대한 사랑에 빠져있다. 또한 만화영화나 비디오게임의 경우에 있어서는 첨단 기술과 제작자들의 큰 창의성이 세계에서 그러한 급속한 확산에 핵심으로 작용했다고 언급할 수 있다.

한류의 성공이 한국민족의 크나큰 예술적 재능에 대부분 기인한다는 점은 명백하다. 오늘날, 전 세계는 이를 인정하고 그 자체에 매료되어 있다. 이러한 이유로 매번 많은 젊은이들이 한국의 언어와 문화에 관심을 가지며 그들의 꿈 중에는 미래의 한국 방문도 있다.

구문 설명

... a lo largo y ancho del planeta

'a lo largo y ancho de ~' 주로 특정 장소에서 어떠한 내용이 광범위하게 진행되는 상태나 상황을 언급하는 경우에 사용된다.

Se celebra el Día de Muertos a lo largo y ancho de la República Mexicana.
'망자의 날'이 멕시코 전역에 걸쳐 거행된다.

Un nuevo virus de gripe se propaga a lo largo y ancho de EEUU.
신종 감기 바이러스가 미국 전 지역으로 확산된다.

Los voluntarios de la Cruz Roja reparten juguetes a lo largo y ancho de nuestro pueblo.
적십자사 자원봉사단이 우리 마을 전역에 걸쳐 장난감을 나누어 준다.

en gran medida

'en gran medida'는 '대부분' 혹은 '크게'와 같은 의미로 사용되는 부사구이다.

El atractivo de los campos de golf depende en gran medida de la calidad del césped.
골프장의 매력은 대부분 잔디의 질에 좌우된다.

Los países más pobres han dependido en gran medida de la ayuda externa.
최빈국들은 대외 원조에 크게 의존한다.

Esta información influye en gran medida en la decisión de compra.
이 정보는 구매 결정에 큰 영향을 미친다.

Notas

Vocabulario

art.	**artículo** (관사)	**intr.**	**verbo intransitivo** (자동사)
adj.	**adjetivo** (형용사)	**loc. conjunt.**	**locución conjuntiva** (접속사구)
adv.	**adverbio** (부사)	**m.**	**sustantivo masculino** (남성명사)
aux.	**verbo auxiliar** (조동사)	**pl.**	**plural** (복수)
conj.	**conjunción** (접속사)	**prep.**	**preposición** (전치사)
f.	**sustantivo femenino** (여성명사)	**tr.**	**verbo transitivo** (타동사)
inf.	**infinitivo** (부정사)		

A

a *prep.* …로 향해, …(을)를, …에게
acceso *m.* 접근
aceite *m.* 기름, 석유, 향유
aceituna *f.* 올리브 열매
aceptación *f.* 수용, 받아들임
acero *m.* 무쇠, 강철
acometer *tr.* 습격하다, 공격하다
acomodar *tr.* (적재적소에) 놓다, 적응시키다
acomplejado *adj.* 열등감을 가진
activo/a *adj.* 능동적인
actual *adj.* 현재의, 현실의
acuerdo *m.* 합의, 동의
adaptar *tr.* 순응시키다
además *adv.* 게다가
adorar *tr.* 찬미하다, 찬양하다
advertir *tr.* 알아채다, 경고하다
afecto *m.* 사랑, 우정, 호감
afirmar *tr.* 긍정하다, 단언하다
agente *m.* 대리인, 경관, 요원
agradecimiento *m.* 감사, 고마움
agricultura *f.* 농업, 경작
agrupado *adj.* 집결된, 한패가 된
aislado *adj.* 고립된, 격리한
ajedrez *m.* 서양 장기, 체스
ajonjolí *m.* 깨
ajustado *adj.* 옳은, 정확한
ala *f.* 날개, 깃
alarde *m.* 과시, 허세
albergar *tr.* 숙박시키다
alcázar *m.* 성, 왕궁
alcohol *m.* 알코올, 주정 음료
alejar *tr.* 멀리하다
alemán/a *adj.* 독일의, *m.f.* 독일인, *m.* 독일어
alforja *f.* 어깨 앞뒤로 늘어뜨려서 걸쳐 메는

여행용 부대, 자루
alga *f.* 김, 바닷말, 해조(海藻)
algodón *m.* 목화, 면, 무명
algún/alguno *adj.* 어느 (사람, 일)
alimento *m.* 음식, 식품
almacén *m.* 창고, 백화점, 가게
almirante *m.* 제독, 함대 사령관
almohada *f.* 베개, 쿠션
alterar *tr.* 바꾸다, 변질시키다
alto/a *adj.* 높은, 키가 큰
amarillento *adj.* 노르스름한
ámbar *m.* 호박(琥珀)
ampliar *tr.* 확대하다, 넓히다
ancho/a *adj.* 넓은
anhelar *intr.* 간절히 원하다, *tr.* 갈망하다, 열망하다
anhelo *m.* 갈망, 동경
aniquilar *tr.* 전멸시키다, 폐지시키다
antepasado *m.* pl. 조상, 선조
anterior *adj.* 이전의
antiguo/a *adj.* 낡은, 오래된
añadir *tr.* 첨가하다, 부언하다
año *m.* 해, 년(年), 나이
añorar *intr. tr.* (잃은 물건을) 아쉬워하다, 그리워하다
apariencia *f.* 외견, 외관, 풍채
aprender *tr.* 배우다
aprobación *f.* 승인, 인가, 합격
aprovechar *tr.* 이용하다, 활용하다
aprovisionamiento *m.* 보급, 조달, 양식
arcipreste *m.* (가톨릭교의) 수석 사제, 주임 목사
ardiente *adj.* 타는 듯한, 열렬한
armonía *f.* 조화, 화합
arquitectónico/a *adj.* 건축(학)의
arquitectura *f.* 건축, 건축학
arroyuelo *m.* 실개천
arroz *m.* 벼, 쌀
arruinar *tr.* 황폐시키다, 파괴시키다
artístico/a *adj.* 예술의, 예술적인
ascender *intr.* 오르다, 승진하다, *tr.* 오르게 하다
asiático/a *adj.* 아시아의, *m.f.* 아시아인
asesino *m.f.* 암살자, 살인범
asimismo *adv.* 마찬가지로
asombroso/a *adj.* 놀라운, 놀라게 하는
asociación *f.* 협동, 연합
atasco *m.* 장애, 훼방
atún *m.* 참치, 다랑어
auge *m.* 절정, 정점
aumentar *tr.* 느리다, 증대하다, 증진하다
aumento *m.* 증가
aunar *tr.* 하나로 합치다, 통합하다
ausencia *f.* 부재, 결석

autopista *f.* 자동차 전용도로, 고속도로
avance *m.* 전진
ayudar *tr.* 돕다, 지원하다
azabache *m.* 흑옥
azar *m.* 우연, 재난
azúcar *m.* 설탕, 당(糖)

B

barbarie *f.* 야만, 잔인
básico/a *adj.* 기본적인, 기초적인
barranca *f.* 벼랑, 협곡
benefactor *m.* 자선가
beneficiar *tr.* 은혜를 베풀다, 이익이 되다
beneficio *m.* 이익, 이득
berenjena *f.* 가지
biblia *f.* (대문자로 사용하여) 성경
biblioteca *f.* 도서관
bien *adv.* 좋은, *m.* 재산, 선(善)
bilateral *adj.* 양측의, 쌍방의
blando/a *adj.* 부드러운, 상냥스러운
bocado *m.* 한 입, 가벼운 식사
brevedad *f.* 짧은 시간, 짧음
brote *m.* 싹, 순
brutalmente *adv.* 난폭하게, 잔인하게
budismo *m.* 불교, 불법(佛法)
budista *adj.* 불교의, *m.f.* 불교신자
buey *m.* (거세한) 소
buque *m.* (큰) 배, 선박
burlador *m.* 난봉꾼, 방탕아

C

cada *adj.* 각각의
calcular *tr.* 계산하다
caldo *m.* 수프, 육즙
calentamiento *m.* 가열
calidad *f.* 품질, 성질, 자질
calumnia *f.* 중상, 모략, 무고
cambio *m.* 교환, 변화
cambrón *m.* 쐐기풀의 무리, 딸기의 일종
campanuláceas *f.* (pl.) 도라지과 식물
campesino *m.* 농부, 시골 사람
cándido/a *adj.* 흰, 천진한
cansancio *m.* 피곤, 피로
capa *f.* 긴 망토, 옷, 층, 지층
carácter *m.* 성격, 문자
carbón *m.* 숯, 목탄
cárdeno/a *adj.* 보랏빛을 띤, 미색의
carpintero *m.* 목수
carpintería *f.* 목수의 일, 목수의 작업장
cascabeleo *m.* 방울 소리가 나는 일, 방울 소리
caso *m.* 경우, 사례
castellano/a *adj.* 카스티야의, *m.f.* 카스티야인, *m.* 카스티야어
casucha *f.* 초라한 집, 쓰러져 가는 집
causar *tr.* 야기하다, 원인을 제공하다
cebolla *f.* 양파, 알뿌리
cebolleta *f.* 파
celeste *adj.* 하늘의, 하늘색의
celestial *adj.* 천국의, 완전한
ceniza *f.* 재
cercanía *f.* 근처, 부근, (pl.) 근교

chile *m.* 고추
chino/a *adj.* 중국의, *m.f.* 중국인, *m.* 중국어
cigarro *m.* 여송연
cinco *adj.* 5의, *m.* 5
circunstancia *f.* 환경, 상환
claridad *f.* 환함, 밝음, 명료함
claro/a *adj.* 분명한, 맑은
clavar *tr.* 못을 박다, 단단히 고정시키다
clave *f.* (암호의) 풀이, 열쇠, 키
climático/a *adj.* 기후의
cohesión *f.* 부착, 통일성, 결합
coincidir *intr.* 일치하다, 부합하다
col *f.* 양배추, 캐비지
colocar *tr.* 배치하다, 정렬시키다
columna *f.* 기둥, 지주(支柱)
comenzar *intr. tr.* 시작하다
comercial *adj.* 상업의, 상업적인
comercio *m.* 상업, 교역
como *prep.* …처럼, …로서, *conj.* …함에 따라, …인 이유로
cómo *adv.* [의문부사] 어떻게
compañía *f.* 회사, 기업
comparable *adj.* 비교되는, 필적하는
compartir *tr.* 분배하다, 분담하다
competencia *f.* 경쟁
competición *f.* 경쟁, 시합
competir *Intr.* (con …) (…와) 겨루다, 경쟁하다
competitivo/a *adj.* 경쟁의, 경쟁력 있는
competitividad *f.* 경쟁력
comprometer *tr.* (~se a …) …을 떠맡다
común *adj.* 공통적인, 공동의
con *prep.* …와 함께
concisión *f.* 간결, 간명
concluir *tr.* 끝마치다, 결론짓다
conocer *tr.* 알다
condena *f.* 판결, 형벌
conejo *m.* 토끼, 집토끼
confianza *f.* 신뢰, 자신, 친밀
confirmar *tr.* 확실히 하다, 확인하다
conflicto *m.* 분쟁, 대립, 곤궁
confrontar *tr.* 대면시키다, 대조하다
Congreso *m.* 국회, 의사당
conservación *f.* 보존, 유지
Constitución *f.* 헌법
consumidor/a *adj.* 소비의, 소비하는, *m.f.* 소비자
consustancial *adj.* 동체의, 동질의
contemporáneo/a *adj.* 동시대의, *m.f.* 동시대인
contenido *m.* 내용물, 컨텐츠
convencer *tr.* 납득시키다, 깨닫게 하다
conveniente *adj.* 편리한, 안성맞춤의
convenio *m.* 협정
convivir *intr.* 함께 살다, 함께 생활하다
cooperación *f.* 협력
coreano/a *adj.* 한국의, *m.f.* 한국인, *m.* 한국어
coreografía *f.* 무용술, 안무법
corporal *adj.* 육체의, 육체적인
corte *f.* 조정(朝廷), 궁정
corto/a *adj.* 짧은
cosechar *intr.* 수확하다 *tr.* 추수하다
crear *tr.* 창조하다, 창안하다
creatividad *f.* 창조력
crecer *intr.* 성장하다, 커지다
crecimiento *m.* 성장
creencia *f.* 믿음, 신뢰

creyente *adj.* 믿는, *m.f.* 신자, 신도
crujido *m.* 삐걱거리는 소리, 이를 갊
cual *adv..* …처럼, *-pron.* [관계대명사]
cuenta *f.* 계산, 고려
cuerda *f.* 밧줄, 굵은 실
cuervo *m.* 까마귀
culto *m.* 신앙, 숭배, 예배
cultura *f.* 문화
cultural *adj.* 문화의, 문화적인
cursivo *adj.* 이탤릭체의
cuyo/a *adj.* [관계형용사]

D

dar *tr.* 주다
de *prep.* -의, -으로부터
deber *tr.* 빚지다, 의무를 지다,
(~+inf.) …해야만 하다
década *f.* 10으로 된 것, 10일, 10년
decadente *adj.* 몰락한, 쇠퇴기에 있는
decir *tr.* 말하다
declarar *tr.* 밝히다, 언명하다
decorar *tr.* 꾸미다, 훈장을 수여하다
defensa *f.* 방어, 방어물, 옹호
deformación *f.* 변형, 기형
demostrar *tr.* 드러내다, 보이다
derecho *m.* 법, 권리
derivar *intr.* (~se de …) …으로부터
유래하다 파생되다
desafío *m.* 결투, 경쟁
desaliento *m.* 맥빠짐, 실망, 낙담
desaparecer *intr.* 사라지다
desaparición *f.* 사라짐, 소멸
desarrollar *tr.* 발전시키다
desarrollo *m.* 발전
desastre *m.* 재앙, 참패
desbordar *intr.* 넘치다, 범람하다
desdén *m.* 경멸, 경시, 냉담
desdeñable *adj.* 천시당할 만한, 하찮은
desecho *m.* 찌꺼기, 폐품
despreciar *tr.* 경멸하다, 천대하다
destino *m.* 운명, 목적지, 도착지
devolver *tr.* 되돌려 놓다, 반환하다
día *m.* 날, 일(日), 요일
diario *m.* 일간지
dibujo *m.* 스케치, 소묘,
dibujos animados 만화영화
difusión *f.* 확산
dinastía *f.* 왕조, 왕가
diplomático/a *adj.* 외교의, 외교적인,
m.f. 외교관
discriminación *f.* 차별
disperso/a *adj.* 산재된, 연락이 끊어진
distraer *tr.* 관심을 딴 데로 돌리다,
즐거움을 주다
diversidad *f.* 다양성, 잡다함
dividir *tr.* 나누다, 분배하다
divino/a *adj.* 신의, 신성한, 경건한
doblegar *tr.* 구부리다, 꺾다, 굴복시키다
doctor/a *m.f.* 박사, 의사
documental *adj.* 서류상의, 자료의
dominante *adj.* 지배적인, 가장 높은, 주된
donde *adv.* [관계부사]
dos *adj.* 2의, *m.* 2
duodécimo *adj.* 제 12번째의, 12등분한

E

económico/a *adj.* 경제의, 경제적인
eficacia *f.* 효력, 효능
ejemplo *m.* 예, 모범, 선례
el art. [정관사]
eliminar *tr.* 제거하다, 없애다
ella *pron.* 그녀
ello *pron.* 그것, 그 일
embargo loc. *conjunt.* sin ~ 그러나
embestir *intr.* 공격하다, *tr.* 강요하다, 습격하다
empleo *m.* 고용, 일자리
empresa *f.* 기업체, 회사
en *prep.* …에, …에서
encantar *tr.* 매혹하다
encinar *m.* 떡갈나무 숲
encontrar *tr.* 찾다, 만나다
energético/a *adj.* 에너지의, 힘을 주는
enero *m.* 1월
enfriar *tr.* 식히다, 차게 하다
entero/a *adj.* 완전한, 온전한
entonces *adv.* 그렇다면, 그래서, 그 당시
entre *prep.* …의 사이에
entretenimiento *m.* 오락
enrollar *tr.* 감다, 말다
envuelto/a *adj.* 싸인, 휘감긴
epopeya *f.* 서사시
escarabajo *m.* 풍뎅이
escaso/a *adj.* 부족한, 많지 않은
escenario *m.* 무대
escuálido/a *adj.* 불결한 추잡한
esfuerzo *m.* 노력
eso *pron.* 그것, 그 일
específico/a *adj.* 특수한, 독특한, 특정적인
espectáculo *m.* 흥행, 광경
esperar *tr.* 기다리다, 바라다
espiga *f.* 이삭, 창끝
espinaca *f.* 시금치
establecer *tr.* 건설하다, 개설하다
establecimiento *m.* 설립, 기관
estar *intr.* …에 있다, …이다
este/a *adj. pron.* 이(것)
estela *f.* 선적, 항적
estimular *tr.* 자극하다, 격려하다
esto *pron.* 이(것)
estratégico/a *adj.* 전략의, 작전적인
estrechar *tr.* 좁히다
estremecer *tr.* 전율케 하다, 떨게 만들다
etiqueta *f.* 예법, 라벨
europeo/a *adj.* 유럽의, *m.f.* 유럽인
excelente *adj.* 뛰어난, 빼어난
éxito *m.* 성공
exitoso/a *adj.* 성공의
expansión *f.* 확장, 확대
explicar *tr.* 설명하다
explotar *tr.* 개척하다, 개발하다
exportación *f.* 수출
exquisito *adj.* 더할 나위 없이 훌륭한, 특별히 우수한
extensión *f.* 연장, 확대
extender *tr.* 넓히다, 확장하다
exterior *adj.* 외부의, 바깥의, *m.* 외부
extraordinario/a *adj.* 기묘한, 특별한
extremo/a *adj.* 끝의, 극단적인

F

fascinar *tr.* 매혹하다, 홀리다
fase *f.* 상, 국면
felicitación *f.* 축하, 축사
fenicio/a *adj.* 페니키아의, *m.f.* 페니키아인
fenómeno *m.* 현상
fermentación *f.* 발효, 소요
fermentar *intr.* 발효하다, 동요하다
festividad *f.* 축제, 축전
fiebre *f.* 열, 열기
filipino/a *adj.* 필리핀의, *m.f.* 필리핀사람
filosofía *f.* 철학
fin *m.* 끝, 마지막
final *adj.* 끝의, 최후의, *m.* 끝
financiero/a *adj.* 재정의, 금융의
fino/a *adj.* 정교한, 세밀한
firmar *tr.* 서명하다, 조인하다
flota *f.* 함대
flujo *m.* 흐름
fortalecer *tr.* 강화하다, 요새를 구축하다
fracaso *m.* 실패, 화
fragancia *f.* 향기, 평판
francés/a *adj.* 프랑스의, *m.f.* 프랑스인, *m.* 프랑스어
fratricida *adj.* 형제를 죽인, *m.f.* 형제 살해자
frijol *m.* 강낭콩
frontera *f.* 국경
fronterizo/a *adj.* 국경의, 국경 수비의
fulgurar *intr.* 눈이 부시다, 반짝거리다
fundir *tr.* 녹이다, 주조하다

G

ganar *tr.* 얻다, 벌다, 이기다
gastronomía *f.* 미식, 식도락
generación *f.* 세대
geopolítico/a *adj.* 지정학의
global *adj.* 전체적인, 전 세계적인
glutinoso/a *adj.* 끈적끈적한, 점착성의
gobierno *m.* 정부
golpe *m.* 때리기, 구타
gorra *f.* 모자
gozar *intr.* 향유하다, 즐기다, *tr.* 소유하다
gracia *f.*(pl) 감사
grande *adj.* 큰, 위대한
grulla *f.* 학
gualdo/a *adj.* 황색의
guiño *m.* 윙크, 눈짓

H

haber aux. [조동사], *tr.* 갖다: hay 있다
hacer *tr.* 만들다, 하다
hallar *tr.* 찾다, 발견하다
hambriento/a *adj.* 배고픈, 굶주린
hasta *prep.* …까지
hazaña *f.* 공적, 무훈
helecho *m.* 미나리, 고사리
hidalgo *m.* 이달고(하급 귀족)
hierba *f.* 풀, 잡초
hierro *m.* 철, 무쇠
higo *m.* 무화과
historia *f.* 역사, 이야기

hoy *adv.* 오늘, 현재
hoz *f.* 낫
hocico *m.* (동물의) 주둥아리, 콧등
honrado/a *adj.* 정직한, 성실한
hostilidad *f.* 적의, 증오
huella *f.* 발자국, 흔적
humanidad *f.* 인간, 인류, 인간성

I

idioma *m.* 말, 언어
ilegal *adj.* 불법의, 부정한
imperialismo *m.* 제국주의
implicar *tr.* 함유하다, 내포하다
importación *f.* 수입
imprenta *f.* 인쇄
impresión *f.* 인쇄, 압판, 인상
impreso/a *adj.* 인쇄된, *m.* 인쇄물, 인쇄본
imprimir *tr.* 인쇄하다
impuesto *m.* 세금, 과세
inclinar *tr.* 기울이다, 내리다
incorporar *tr.* 통합하다, 합치다
independencia *f.* 독립, 자치
indiferencia *f.* 무관심, 냉담
indignación *f.* 분노, 의분
industria *f.* 산업
ineficiente *adj.* 효과 없는
influencia *f.* 영향, 세력
informática *f.* 컴퓨터 정보처리
ingenioso/a *adj.* 재능이 있는, 영리한
ingrediente *m.* 성분, 혼합물
iniciar *tr.* 시작하다
inmanentismo *m.* 내재론, 내재철학
inmenso/a *adj.* 광대한, 막대한
inmigración *f.* 이민
inminente *adj.* 다급해진, 긴급한
insecto *m.* 곤충, 벌레
insistir *intr.* 고집하다, 우기다
inspirar *tr.* 들이쉬다, 영감을 주다
intelectual *adj.* 지적인, 총명한
interesar *tr.* 관심을 끌다, 관계를 맺다
internacional *adj.* 국제적인
internet *m.* 인터넷
interno/a *adj.* 내부의, *m.f.* 기숙생, (병원)인턴
interpretar *tr.* 해석하다
interrumpir *tr.* 중단시키다, 저지하다
intervención *f.* 간섭, 중재
invasión *f.* 침입, 침해
inventar *tr.* 발명하다
inversión *f.* 투자
investigador/a *adj.* 연구하는, 조사의, *m.f.* 연구자
irremisible *adj.* 그대로 둘 수 없는, 용서할 수 없는

J

jaral *m.* 시스츠스 밭, 뒤범벅
jinete *m.* 기수
joven *adj.* 젊은, *m.f.* 젊은이
judío/a *adj.* 유대교의, *m.f.* 유대인
juglar *adj.* 재미나는, 우스운, *m.* (중세의) 가수
julio *m.* 7월

juntar *tr.* 함께 하다, 연결시키다
justificación *f.* 정당화, 증명
justo/a *adj.* 공정한, 정당한

L

la art. [정관사]
lacra *f.* 흔적, 흠
lado *m.* 옆, 측면
lamentable *adj.* 유감스러운, 가엾은
lamentablemente *adv.* 서글프게, 불쌍하게
largo/a *adj.* 긴, *m.* 길이
lata *f.* 양철, 깡통
le *pron.* …에게 [인칭대명사]
lechuga *f.* 상치
legalidad *f.* 적법, 합법성
léxico/a *adj.* 용어의, *m.* 어휘집
libre *adj.* 자유로운
libro *m.* 책
listo/a *adj.* 재빠른, 기민한
literal *adj.* 문자의
llanura *f.* 반반함, 평원
llamar *tr.* 부르다, 전화하다
llegar *intr.* 도착하다
llevar *tr.* 가져가다
lo *pron.* 그것 [인칭대명사]
localizar *tr.* 소재를 파악하다, 국한하다
loncha *f.* 길쭉한 것, 갸름한 것

M

macabro/a *adj.* 으스스하도록 기분이 나쁜, 전율의
madera *f.* 목재
madrugar *tr.* 일찍 일어나다, 선수를 치다
magnífico/a *adj.* 훌륭한, 뛰어난
maleza *f.* 잡초, 무성한 풀밭
maltratar *tr.* 학대하다, 상처를 입히다
malva *f.* 당아욱, 접시꽃
mancha *f.* 얼룩, 흠
manchú *adj.* 만주의, *m.* 만주어
manera *f.* 방법, 방식
manifestar *tr.* 나타내다, 표명하다
mantener *tr.* 양육하다, 유지하다
marisco *m.* 조개, 해산물
marítimo/a *adj.* 바다의, 선박의
más *adj.*, *adv.* 더
masivo/a *adj.* 크고 육중한, 대규모의
matorral *m.* 잡초지, 나무 덤불
matrimonio *m.* 결혼
mayor *adj.* 큰
mediado/a *adj.* 절반 가량이 된
mediante *adv.* …사이에 들어, …을 통해
medida *f.* 측량, 치수, 척도, (주로 pl.) 대책
medieval *adj.* 중세의
medioambiental *adj.* 환경의, 환경 친화적인
mejor *adj.*, *adv.* 보다 나은, 가장 좋은
mencionar *tr.* 말하다, 언급하다
mercado *m.* 시장
merecer *tr.* 받을 만하다, ...의 가치가 있다
metálico/a *adj.* 금속의

meteorológico/a *adj.* 기상의, 기상학의
mijo *m.* 수수
militar *adj.* 군의 *m.* 군인
mimo *m.* 무언 익살극, 흉내
minimizar *tr.* …을 최소한으로 하다, 가볍게 보다
misionero/a *adj.* 선교의 *m.f.* 포교자, 선교사
mismo/a *adj.* 같은, 동일한
moderado/a *adj.* 알맞은, 적당한
modernización *f.* 현대화, 근대화
mojar *tr.* 적시다, 축이다
mongólico/a *adj.* 몽고의
monopolio *m.* 독점, 전매
monopolista *adj.* 독점의, 독점판매자
móvil *adj.* 움직이는, *m.* 휴대전화
montón *m.* 쌓아 올림, 무더기
monzón *m.* 계절풍, 몬순
morado *adj.* 검붉은
moro/a *adj.* 모로인의, 회교도의, *m.f.* 모로인
moscatel *adj.* 사향 포도의, *m.* 마스카트
movilización *f.* 동원
mucho/a *adj.* 많은, *adv.* 많이
mundial *adj.* 세계의, 세계적인
mundo *m.* 세계, 세상
murrmurar *intr.* 너울거리다, 중얼거리다
musical *adj.* 음악의
muy *adv.* 매우

N

nabo *m.* 무
nación *f.* 국가
nacional *adj.* 국가의
narcotráfico/a *adj.* 마약거래의
natal *adj.* 출생의, *m.* 탄생
naval *adj.* 배의, 바다의
navío *m.* 군선, 함
negativo/a *adj.* 부정적인
negociación *f.* 협상
niebla *f.* 안개
nivel *m.* 수준, 레벨
no *adv.* 없다, 아니다, …하지 말다, 반대, 부인하다
nochebuena *f.* 크리스마스 이브
nocturno/a *adj.* 밤의, 야간의
nombre *m.* 이름
nuevo/a *adj.* 새로운
nuez *f.* 호두
nutrición *f.* 영양
nutriente *adj.* 영양분을 주는, 영양이 되는
nutritivo/a *adj.* 영양의, 힘이 되는

O

o *conj.* 또는, 혹은
objetivo *m.* 대상 목적
obra *f.* 작품
obstante loc. *conjunt.* no~ 그럼에도 불구하고
obviamente *adv.* 분명히, 명백히, 확실히, 당연히
occidental *adj.* 서양의, 서양인의, *m.f.* 서양인
ocupación *f.* 점령, 점거
ofrecer *tr.* 제공하다
ola *f.* 물결

opaco/a *adj.* 불투명한, 신통하지 못한
oportunidad *f.* 기회
orear *tr.* 바람을 쏘이다
orgulloso/a *f.* 자랑스러운, 자부심이 강한, 자신감이 강한
oriental *adj.* 동양의, 동양인의, *m.f.* 동양인
origen *m.* 기원
originalidad *f.* 독창성
originar *tr.* 유래하다, 발생하다, 만들어지다, 태생인, 파생하다
otro/a *adj.* 다른

P

padecer *tr.* 입다, 받다
página *f.* 페이지
pagoda *f.* 탑
país *m.* 국가
paja *f.* 짚, 보릿짚, 밀짚
pandemia *f.* 전국적·전체에 걸친 유행병
papel *m.* 종이, 역할
para *prep.* …을 위하여
paraje *m.* 곳, 장소, 상태, 사태
páramo *m.* 황무지, 황폐한 땅
participante *m.f.* 참가자, 참여자
particular *adj.* 특정한, 특별한
pasta *f.* 반죽한 것, 반죽가루, 풀
patria *f.* 조국, 태어난 고향
patrimonio *m.* 세습 재산, 자산
patrón *m.f.* 원호자, 후원자, 고객, 단골손님, 은인
pegujal *m.* 작은 전답, 소작인에게 무료로 빌려주는 작은 밭
peligro *m.* 위험, 고문
película *f.* 영화
peludo/a *adj.* 털이 많이 난, *m.* 구두 닦는 천
península *f.* 반도
pensar *tr.* 생각하다
pepino *m.* 오이
percibir *tr.* 인식하다, 깨닫다, 파악하다, 판단하다, 알아차리다
perdurar *intr.* 오래도록 지속되다, 오래 가다
perezoso/a *adj.* 게으른, 나태한, 굼뜬
perfume *m.* 향, 향수, 향료
perjudicial *adj.* 해로운
perjuicio *m.* 폐해, 피해, 손상
permanencia *f.* 체재, 체류, 영속성, 영구, 항구성
pero *conj.* 그러나
perseguir *tr.* 추적하다, 추구하다, 박해하다, 학대하다
pertenecer *intr.* 속하다, 소속하다
pesadilla *f.* 나쁜 꿈, 두려운 일, 공포
persecución *f.* 추적, 추구, 박해, 학대
piadoso/a *adj.* 인정스러운, 자비심 많은
picante *adj.* 톡톡 쏘는, 아릿아릿하는, 찌르는 듯한
pilar *m.* 기둥, 핵심역할
pimiento *m.* 후추
pincho *m.* 바늘, 가시
pionero/a *m.f.* 선구자
plancha *f.* 다리미, 활자
planeta *m.* 행성, 혹성
poco/a *adj.* 약간의, *adv.* 조금, *m.* 소량
poder aux. 할 수 있다
política *f.* 정치, 정치학, 정책
popular *adj.* 인기 있는

por *prep.* …에 의한
porque *conj.* 왜냐하면
portar *intr.* 돛이 바람을 잘 받다, *tr.* 나르다, 가지고 가다
porvenir *m.* 미래, 장래
posible *adj.* 가능한
postura *f.* 자세, 모습
potable *adj.* 마실 수 있는, 액체의
potencia *f.* 힘, 능력
potencial *adj.* 힘이 있는, 잠재력 있는
prado *m.* 목장, 초원
precio *m.* 가격
preciso/a *adj.* 필요한, 정확한
preguntar *tr.* 질문하다
presumir *intr.* 우쭐대다, *tr.* 추정하다, 추측하다
primer/o *adj.* 첫번째의
primordial *adj.* 근본적인, 본질적인
principal *adj.* 주요한, 주된
proceder *intr.* 비롯되다, 나오다, 시작되다
proceso *m.* 소송, 과정, 절차
procurar *tr.* 애쓰다, 노력하다
producción *f.* 생산
producir *tr.* 생산하다
productivo/a *adj.* 생산적인
producto *m.* 생산품, 산물
progresista *adj.* 진보주의의, 개혁당의, 개혁당원, *m.f.* 진보주의자
prolongar *tr.* 길게하다, 늘이다, 연장하다
promover *tr.* 장려하다, 촉진하다, 승진시키다.
pronunciar *tr.* 발음하다
propiciar *tr.* 달래다
propiedad *f.* 특성, 자산
proporcionar *tr.* 균형을 이루게 하다, 조화·비례 시키다
propósito *m.* 목적
propulsor *m.* 추진체, 추진원료, 원동력
prosperidad *f.* 번영, 번창, 행운, 성공
proteger *tr.* 보호하다
pueblo *m.* 민족, 마을
puesto *m.* 자리, 위치
punta *f.* 끝이 뾰족한 것, 칼끝
pupila *f.* 눈동자

Q

que *conj.* [접속사], *pron.* [관계대명사]
quedar *intr.* 남다, 체류하다
quemar *tr.* 굽다, 불사르다, 태우다

R

rápido/a *adj.* 빠른
ráfaga *f.* 돌풍
raíz *f.* 뿌리
raza *f.* 종족, 인종
razón *f.* 이유
real *adj.* 실재하는, 현실의, 실제의, 왕실(王室)의
realizar *tr.* 실현하다, 실행하다
rebanada *f.* (빵의) 길쭉한 쪼가리
rebaño *m.* 떼, 무리
recabar *tr.* 구하다, 얻다
rechazar *tr.* 거절하다
reclamar *intr.* 이의·항의를 제기하다

reconocer *tr.* 인정하다
reconstruir *tr.* 재건하다, 부흥하다
recreo *m.* 기분풀이, 심심풀이, 오락
recto/a *adj.* 똑바른, 곧은
recuperar *tr.* 되찾다, 회복하다
recurrente *adj.* 복귀·복원한, 회귀의
recurso *m.* 호소하는 일, 청원, 항소
redoblar *tr.* 두배로 하다, 이중으로 하다, 되풀이 하다
reducción *f.* 축소, 감소
reducir *tr.* 축소하다, 줄이다
referéndum *m.* 국민투표
reflejar *tr.* 반사하다, 비치다
reflexión *f.* 반사, 고찰, 숙고
reforzar *tr.* 더욱 강하게 하다, 격려하다
regional *adj.* 지방의, 지역적인
registrar *tr.* 검사하다, 기록하다
reino *m.* 왕국, 분야, 활동범위
reivindicación *f.* (상실한 권리 등을) 되찾기
relación *f.* 관계
religión *f.* 종교, 교파, 신앙심
relleno *adj.* 가득한, *m.* (순대 따위에) 넣는 것
remontar *tr.* 높이 올리다, 높이다
renacentista *adj.* 문예 부흥의, 문예 부흥의 연구
rendir *tr.* 때려눕히다, 피로에 지치게 만들다
representativo/a *adj.* 표현·표시하는
repugnante *adj.* 언짢은, 싫은, 반대하는, 모순된
repulsa *f.* 퇴짜, 배격, 거절
reputación *f.* 명성
residencia *f.* 사는 집, 거주
resistir *tr.* 저항하다
respectivo/a *adj.* 저마다의, 각자의
respecto loc. *conjunt.* ~ a …에 관하여
respeto *m.* 존경, 존중
reto *m.* 싸움걸기, 도전, 위협
rincón *m.* 므서리, 귀퉁이
rocío *m.* 이슬
rodear *tr.* 둘러치다, 에워싸다
rogar *tr.* 물을 뿌리다
romancero/a *m.f.* 로망스작가
rotundo/a *adj.* 쩌렁쩌렁하게 울리는, 단호한
rozar *tr.* (초목을) 베어내다

S

saber *tr.* 알다
sacerdote *m.* 승려, 사제
sagrado/a *adj.* 신성한, 성스러운
salado/a *adj.* 소금에 절인, 염분이 많은
salsa *f.* 소스, 간장, 양념
sangre *f.* 피, 혈액
sartén *f.* 프라이팬
se *pron.* [재귀대명사]
sector *m.* (기하) 선형, 분야, 부문
sencillo/a *adj.* 순한, 단순한, 소박한
sentir *tr.* 느끼다
septiembre *m.* 9월
sepulturero *m.* 무덤을 파는 임부, 묘지기
ser *intr.* …이다
serenidad *f.* 침착, 냉정, 차분함
servicio *m.* 봉사, 서비스
sésamo *m.* 참깨
si *conj.* 만약 …이라면
sigla *f.* 약자, 약식부호
siglo *m.* 서기

significar *tr.* 의미하다
siguiente *adj.* 다음의, 뒤따르는
silueta *f.* 반면 영상, 그림자 그림
simbolizar *tr.* 상징하다, 기호로 나타내다
sin *prep.* …없이, …없는
sino *conj.* …이 아니라
sinónimo/a *adj.* 동의의, *m.* 동의어, 유어
soberanía *f.* 주권, 통치권, 우월, 자부심
soja *f.* 콩, 대두
solidaridad *f.* 결속, 단결
solo/a *adj., adv.* 혼자
solterón/na *adj.* 혼기를 넘기고도 아직 독신인
sombra *f.* 그림자
sombría *f.* 응달
sorgo *m.* 수수
sorpresa *f.* 놀라움
sostenible *adj.* 지속할 수 있는, 견딜 수 있는
su *adj.* 그의, 그녀의, 당신의
suave *adj.* 감촉이 부드러운, 다정한, 유순한
suceder *tr.* 일어나다, 발생하다
sudeste *m.* 남동쪽
sueño *m.* 꿈
sufrimiento *m.* 참을성, 인내
sumar *tr.* 합계하다, 요약하다
sumergir *tr.* 잠수시키다, 물에 잠그다
suministrar *tr.* 공급하다, 보급하다
sumiso/a *adj.* 고분고분한, 굴복된
superar *tr.* 능가하다, 뛰어넘다
superioridad *f.* 뛰어남, 상위, 상석
surasiático/a *adj.* 남아시아의
surcar *tr.* (논밭에) 고랑을 파다, 이랑을 만들다
surgir *intr.* 뿜어내다, 분출하다
sustancial *adj.* 본질적인, 실질적인

T

taciturno/a *adj.* 입을 꾹 다문, 과묵한
táctica *f.* 전술, 작전
tailandés/a *adj.* 태국의, *m.f.* 태국인
tajamar *m.* 배나 교각의 물결 헤치는 부분
talento *m.* 재능
también *adv.* 또한
tanto/a *adj., adv.* 그 만큼의, 그 정도의
tazón *m.* 큰 찻종, 공, 양철 대야
técnica *f.* 기술
tecnología *f.* 기술
telenovela *f.* TV연속극
templo *m.* 사원
tender *tr.* 넓히다, 펼치다
tener *tr.* 갖다, 소유하다
tensión *f.* 팽팽함, 긴장
término *m.* 마지막, 종말, 종국
ternero *m.f.* 송아지
territorio *m.* 영토, 국토
texto *m.* 문장, 텍스트
tibiamente *adv.* 미지근하게, 애매한 태도로
tiempo *m.* 시간, 시기
tierno/a *adj.* 연한, 어린
tierra *f.* 땅, 지구
tipo *m.* 유형, 타입
tira *f.* 파치, 길쭉한 쪼가리, 토막
todo/a *adj.* 모두의, 모든 것의, *m.* 모두
tolerar *tr.* 인내하다, 묵인하다
tomar *tr.* 잡다, 먹다
topónimo *m.* 지명

tortuga *f.* 거북이
tosco/a *adj.* 엉성한, 조잡한, 세련되지 못한
traducción *f.* 번역, 해석
transnacional *adj.* 국가 간의, 초국가적인
trasladar *tr.* 옮기다, 베끼다, 번역하다
tratado *m.* 조약
tratar *tr.* 다루다, 취급하다
través loc. *conjunt.* a ~ de …을 통하여
trayecto *m.* 도정, 행정, 여행, 노선
trayectoria *f.* 탄도, 궤도, 행정
tremendo/a *adj.* 무서운, 가공할
tributo *m.* 공물, 조세, 의무
trote *m.* 구보, 종종 걸음
tumba *f.* 묘
turbante *m.* 터번

U

ubicación *f.* 정치(定置), 위치
ubicar *intr.* (어디엔가) 있다, 위치하다
último/a *adj.* 마지막의, 최후의
uno/a art. 하나의 [부정관사]
uraloaltaico/a *adj.* 우랄알타이어의

V

valeroso/a *adj.* 용감한, 씩씩한
variedad *f.* 다양성
velludo/a *adj.* 솜털이 많은
ventaja *f.* 이점
ver *tr.* 보다
verdura *f.* 녹색, 파랑, 청과, 야채
vez *f.* 번, 차례
víctima *f.* 희생, 희생물, 희생자
video *m.* 비디오
videojuego *m.* 비디오게임
vietnamita *adj.* 베트남의, *m.f.* 베트남 사람
vigente *adj.* 유효한, 현행의
vil *adj.* 천한, 신용할 수 없는
vilipendiar *tr.* 업신여기다, 깔보다
visigodo/a *adj.* 서고트의
víspera *f.* 전날, 전야
visitar *tr.* 방문하다
volcán *m.* 화산
voluntad *f.* 뜻, 의지, 의욕

Y

y *conj.* 그리고

Z

zanahoria *f.* 당근

Notas

사진 출처

2과

김치 http://en.wikipedia.org/wiki/File:Gimchi.jpg

7과

로르까 http://commons.wikimedia.org/wiki/File:Lorca_(1934).jpg

8과

독도 http://en.wikipedia.org/wiki/File:Korea-Seoul-Changdeokgung-Huwon-Buyongjeong_and_Buyeongju-01.jpg

9과

세르반테스 http://en.wikipedia.org/wiki/File:Cervates_jauregui.jpg

11과

스페인 국왕사진 http://commons.wikimedia.org/wiki/File:Busto_de_Juan_Carlos_I_de_Espa%C3%B1a_(2009).jpg

12과

이순신 http://commons.wikimedia.org/wiki/File:YiSunsin_person.jpg

13과
후안라몬 히메네스 http://commons.wikimedia.org/wiki/File:JRJimenez.JPG

14과
파야스 http://commons.wikimedia.org/wiki/File:Falla_del_Ayuntamiento_Valencia_2007.jpg

16과
씨름 http://ko.wikipedia.org/wiki/%ED%8C%8C%EC%9D%BC:Danwon-Ssireum.jpg

17과
비빔밥 http://en.wikipedia.org/wiki/File:Korean_cuisine-Jeonju_bibimbap-01.jpg

18과
창덕궁 http://en.wikipedia.org/wiki/File:Korea-Seoul-Changdeokgung-Huwon-Buyongjeong_and_Buyeongju-01.jpg

21과
마차도 http://en.wikipedia.org/wiki/File:AntonioMachado.JPG

스페인어 스피치 II 개정판

초 판1쇄 발행 2011년 2월 20일
개정판1쇄 발행 2014년 3월 20일
개정판2쇄 발행 2019년 8월 27일
개정판3쇄 발행 2023년 4월 28일

지은이 이강국, 이만희, 김재선, 곽재용
발행인 고윤성
기획 신선호, 박경민
편집장 장혜정
도서편집 노재은, 변다은
디자인 정정은, 김대욱
인사행정 이근영
재무회계 김문규, 정예찬
전자책 · 사전 변다은
발행처 한국외국어대학교 지식출판콘텐츠원
02450 서울특별시 동대문구 이문로 107
전화 02)2173-2494~7
팩스 02)2173-3363
홈페이지 http://press.hufs.ac.kr
전자우편 press@hufs.ac.kr
출판등록 제6-6호(1969. 4. 30)
디자인 · 편집 (주)이환디앤비 02)2254-4301
인쇄 · 제본 (주)케이랩 053)583-6885

ISBN 978-89-7464-908-1 18770 정가 16,000원

*잘못된 책은 교환하여 드립니다.

HUINE 은 한국외국어대학교 지식출판콘텐츠원의 어학도서, 사회과학도서, 지역학 도서 Sub Brand이다. 한국외대의 영문명인 HUFS, 현명한 국제전문가 양성(International+Intelligent)의 의미를 담고 있으며, 휴인(携引)의 뜻인 '이끌다, 끌고 나가다'라는 의미처럼 출판계를 이끄는 리더로서, 혁신의 이미지를 담고 있다.

이 책의 음원(mp3)은 한국외국어대학교 지식출판콘텐츠원 홈페이지(press.hufs.ac.kr) - 게시판 - 자료실에서 다운받아 사용하시기 바랍니다.